孩子需要爱 更需要规矩

规矩和爱

Discipline and Love

于涛 著

真正的爱是带有规矩的爱
真正的规矩是体现爱的规矩

北京理工大学出版社
BEIJING INSTITUTE OF TECHNOLOGY PRESS

版权专有 侵权必究

图书在版编目（CIP）数据

规矩和爱 / 王涛著. —北京：北京理工大学出版社，2012.8
（2015.4重印）

ISBN 978-7-5640-6025-1

Ⅰ.①规… Ⅱ.①王… Ⅲ.①家庭教育 Ⅳ.①G78

中国版本图书馆 CIP 数据核字（2012）第 115429 号

出版发行 / 北京理工大学出版社
社　　址 / 北京市海淀区中关村南大街 5 号
邮　　编 / 100081
电　　话 /（010）68914775（办公室）68944990（批销中心）68911084（读者服务部）
网　　址 / http://www.bitpress.com.cn
经　　销 / 全国各地新华书店
印　　刷 / 三河市金元印装有限公司
开　　本 / 700 毫米×1000 毫米　1/16
印　　张 / 15.75
字　　数 / 270 千字
版　　次 / 2012 年 8 月第 1 版　2015 年 4 月第 5 次印刷　　责任校对 / 陈玉梅
定　　价 / 28.00 元　　　　　　　　　　　　　　　　　　　责任印制 / 边心超

图书出现印装质量问题，本社负责调换

自 序

《规矩和爱》一书终于定稿。从萌念到完稿前后经历三年之久。若没有来自方方面面的鼓励和帮助，很难想象自己有能力把当初的一个念头变为现头。

由于出生在一个传统的中国知识分子家庭，我从小受到比较严格的规矩。这样的早期家教对自己产生怎样的影响？这是三十多年来一直抓住自己的一个问题。从1982年进入华东师范大学心理系学习，我就开始用教育和心理学的一些理论来探索这个问颗。当时正值中国改革开放初期，弗洛伊德，尼采，叔本华等西方哲学思潮冲击着每一个八十年代的大学生。长期受压抑的我开始"勇敢"地批判传统教育的严厉规矩而崇尚所谓的自由。但现在看来，那时所谓的批判还是缺乏理性，几乎是从一个极端到另一个极端。1999年，我在美国哈佛大学教育研究生院开始攻读儿童发展心理学的博士学位。在美国的学习生活经历不仅让我对西方的教育和心理学理论有了更深的理解，也让找能真正目睹美国家庭教育的实况。当我再次回头反思自己的早期经历时，有了非常不同的看见。我开始比较客观地认识到中国传统教育中的精华和不足。在哈佛读书期间，我自己也当了爸爸，孩子的到来让我对规矩和爱更是有了崭新的切身体验。不仅认识到规矩和爱融合的重要性，也开始探索规矩和爱如何在中国文化中得以融合。

从2005年开始，利用每年假期回国探亲的机会，我和中国的父母和老师交流规矩和爱的理念和方法。有时候也深入一些家庭手把手地帮助父母建立必要的家庭规矩。2008年在一次给幼儿园家长的公益讲座中，我认识了一对家长夫妇——夏弘禹先生和杨仲瑜女士。他们不仅认同规矩和爱的观念，还非常真诚地帮助我把这个理念传播给更多的中国家长。事后我才知道夏先生和杨女士在2003年就把美国著名的早教品牌金宝贝引入了中国，对中国父母的早教理念和中国的早教市场都产生了极大的震撼。在夏先生和杨女士的全力支持下，从2008年12月开始，我尝试着在全国各地开始《规矩和爱》的讲座。中国父母对讲座反响之强烈大大出乎我的意料。他们不仅踊跃和我探讨规矩和爱的问题，也为我下一步的工作提出了很多好的建议。其中最有操作性的两个建议是建立博客和出版《规矩和爱》一书。

2009年5月，我首先落实了第一个建议。建立博客的初衷是延续我和中国家长的联系。由于自己是美国的塔尔莎大学（The University of Tulsa）教育系的全职教授，每年只能利用假期回国探亲时，才有机会和中国父母们交流。而博客的建立在一定程度上可以弥补这个交流的不连续性。在很多父母的支持鼓励下，过去的三年中，我发了200多篇博文，有20多万的点击率。这样的结果也为我实施第二个建议——完成本书的写作，打下了一定的基础。

从2009年底开始，我就准备书的写作。但总是一拖再拖，除了自己不够勤奋之外，另一个重要原因就是评审终身教授的压力。所以在2011年获得终身教授前自己一直无法全身心地投入本书的写作。

即便如此，中国家长们对我写书的鼓励从来没有间断。他们虽然有时候会对孩子的行为失去耐心，但对我写作本书却始终保持宽容和耐心。从2012年开始，当我陆续把一些章节的初稿给他们审读时，他们也常常把批评和鼓励结合在一起，让我感到他们已经不自觉地把规矩和爱融合在他们的反馈中。

所以，在本书交付印刷之际，我首先要感谢的是中国的家长们，是你们的爱让我有能力完成这本书的写作，让我能坚持把父母教育当作我一生的事业。

其次，我要感谢我年迈的父母，是你们让我在人生中第一次体会到规矩和爱。你们严厉的规矩帮助我避免堕落；你们深沉的爱，也足够我一辈子慢慢品味；你们对道德的敬畏和生活的节俭是我终身的榜样。

我也要特别感谢我的儿子。宝贝，这个世界上是你让爸爸真正明白了规矩和爱的关系。可惜这些年爸爸还是让你承受了很多的痛苦和磨难。希望有一天你能理解和宽容爸爸，让我们继续一起在规矩和爱中成长。

本书虽然还有很多不足，但还是决定出版。希望能抛砖引玉，引起大家对规矩和爱以及父母教育的重视。本书的形成过程中，学者朋友给予了很多帮助。特别是周国平老师在百忙中通读了本书。虽然周老师不完全同意我书中打孩子的观点，但还是赞同此书的"基本理念和许多见解"并同意"署名推荐"。在此，特致谢意。

在成稿过程中深深体会到自己在古文的阅读理解以及写作上的欠缺。不妥之处，希望家长和专家们批评指正。

王涛

2012 年 1 月 16 日

于美国俄克拉荷马州，塔尔莎大学，查普曼楼

Chapman Hall, The University of Tulsa

目录

第一章 学做父母：教育孩子的前提

先学做父母，再教育孩子 …………………………………… 002
父母这个岗位无人代替 ……………………………………… 005
别以为生了孩子就是父母 …………………………………… 008
为人父母需要谦卑 …………………………………………… 010
为人父母需要专业培训 ……………………………………… 013
为人父母需要用心而不是用计 ……………………………… 016
为人父母四项基本原则之一：不占有原则 ………………… 019
为人父母四项基本原则之二：规矩和爱统一的原则 ……… 023
为人父母四项基本原则之三：情商先于智商的原则 ……… 025
为人父母四项基本原则之四：和孩子共同成长的原则 …… 028

第二章 规矩和爱：教育孩子既要爱也需要规矩

规矩和爱不可或缺 …………………………………………… 036
真正的规矩是体现爱的规矩，真正爱是带有规矩的爱 …… 038
规矩和爱的太极图示 ………………………………………… 042
错误的父母教养方式之一：溺爱型 ………………………… 048
溺爱不只是富贵家庭的特有现象 …………………………… 053
错误的父母教养方式之二：忽略型 ………………………… 055
家庭教育，爸爸不可或缺 …………………………………… 059

目录

第三章 每个父母的必修课：反思自己的受教育模式

知为人子，然后可以为人父 …………………… 064
如何反思自己的受教育模式 …………………… 068
我的父亲 ………………………………………… 071
父亲的规矩之一 ………………………………… 075
父亲的规矩之二 ………………………………… 080
父亲的规矩给我的启发 ………………………… 083
父亲的爱 ………………………………………… 085
家有严母 ………………………………………… 089
母亲的严厉和我的"堕落" ……………………… 092
谎言背后的诚信 ………………………………… 095

第四章 规矩和敬畏：
做规矩的目的是培养孩子的敬畏感

培养孩子对规矩的敬畏之心 …………………… 100
周公的故事 ……………………………………… 104
做规矩需要树立权威 …………………………… 108
做规矩不能随便 ………………………………… 110
做规矩需要有惩罚 ……………………………… 113
孩子可以打吗 …………………………………… 115
犹太人的"杖"和中国人的"家法" …………… 118

目 录

怎样打孩子 ·· 120
怎样用爱打孩子 ·· 122

第五章 如何做规矩：人之初，规矩始

做规矩要从孩子出生开始 ······························ 128
人之初，规矩始（1）：吃的规矩 ····················· 132
人之初，规矩始（2）：玩和睡的规矩 ················ 136
规矩的一致性之一：同一教育者之内的一致性 ········ 138
规矩的一致性之二：不同教育者之间的一致性 ········ 144
做规矩需要爱 ·· 148
规矩和爱的分离是中国传统教育的弊端 ··············· 151

第六章 情商（一）
培养孩子的自我意识和自我约束能力

情商和幸福 ·· 156
情商要素之一：积极客观的自我意识 ·················· 159
培养客观积极的自我意识 ······························ 166
让孩子学会谦卑 ·· 173
情商要素之二：帮助孩子学会控制自己的情绪 ······· 176
单亲妈妈如何调整自己的情绪 ·························· 183

目录

第七章 情商（二）用规矩和爱帮助孩子成长

情商要素之三：积极明确的内在动机 …… 186
用规矩和爱发展孩子的兴趣 …… 190
培养孩子的责任感 …… 192
培养孩子的抗逆力 …… 196
情商要素之四：培养孩子的同理心 …… 201
情商要素之五：交往合作的能力 …… 207
培养孩子的合作能力 …… 209
培养孩子的交往能力 …… 211

第八章 蒙迪的故事：一个震撼心灵的案例

蒙迪：一位了不起的教育者 …… 216
蒙迪：一位真正的马语者 …… 217
蒙迪和野马 …… 219
蒙迪的新方法 …… 221
蒙迪和害羞男孩的故事之一 …… 224
蒙迪和害羞男孩的故事之二 …… 227
蒙迪和他的孩子们 …… 229
蒙迪给我的启发 …… 232
采访蒙迪 …… 236

第一章
学做父母：教育孩子的前提

孩子的到来为父母带来了再次成长的机会

父母无法抗拒对孩子的爱，但要警惕那占有的私心

为人父母是一个神圣的职责，

它不仅直接关系到一个生命的品质，

也关系到人类的明天

先学做父母，再教育孩子

你看到本章的标题时或许会有这样的疑问："为什么是先学做父母，然后才是教育孩子？"首先，学做父母和教育孩子虽然有密切的关系，但不完全一样。前者的重点在父母，而后者的重点则在孩子。其次，学做父母应该先于教育子女，因为学做父母是教育孩子的前提。乘坐飞机时，有这样一条安全指令：带孩子的父母先给自己戴上氧气面罩，然后再帮孩子戴上。在家庭教育中也有一条类似的原则：先学做父母，然后再去教育孩子。

现在很多"80后"（甚至"90后"）的年轻父母自己就是第一代独生子女。在成长过程中过多的关爱使他们的心智成熟比较慢。自己还是没有长大的孩子，却已经开始为人父母。我在网上看到一张照片，一位"80后"的妈妈一手抱着宝宝哺乳，一手拿着鼠标全神贯注地打游戏。看着这样的情形，我不得不担忧这位妈妈和她怀中孩子未来的幸福。去责备这些不成熟的父母不如去帮助他们，让他们和孩子一起成长。这正是我写这本书的初衷。

当然，不仅仅"80后"的年轻一代，我们每个人都需要学习如何为人父母。严格地说，没有人天生就是合格的父母。我们每个父母都需要学习和成长。但是能否成长的关键在于是否有学习的意识和愿意重新成长的谦卑态度。父母的自我成长和改变在现实中往往非常艰难。因为要改变一个超过 10 岁的孩子已经很不容易，要改变一个成年的父母自然就更难。更何况这种改变要靠父母的自我觉察和自我监督来实现，所以是难上加难。

如果这样，我们在学习为人父母上是否就没有指望了呢？断然不是。最让我们有信心的是我们对孩子的爱。在孩子出生后，我们做父母的，身上会突然有一种陌生的大爱产生。

我自己就明确地经历和感受过这样的爱。记得初为人父时，刚满周岁的儿子因为过敏瘙痒而整夜啼哭，用小手把自己的脸都抓破了。有一个晚上，我只能摁着他的小手不让他再抓正在结痂的皮肤，小家伙就拼命挣扎和哭泣。无助的我心里忽然冒出这样的祈求："上帝啊，给我一个恩惠，让这过敏和瘙痒都统统到我身上吧，让我的儿子能安睡一夜。"这是我人生中第一次有这样的祷告，不仅愿意牺牲自己不求回报，甚至能够把这样的牺牲当做一种恩典来祈求。我明白这种油然而生的爱绝不是自己努力学习得来的，而是随着这个小生命来到我的身边自然出现的。那一刻，我顿悟了什么是父母之爱。

我也在数以万计的家长身上看到了这样的爱。近些年，我在中国的一些城市给很多父母做过讲座，每次讲座长达 3 个小时。很多父母早早来到会场，总是先坐靠前的位置，整个讲座中都不停地写着笔记。几乎每个父母都是聚精会神地听完讲座。我在中美当老师十多年，教过中国的小学生，也教过美国的研究生，从没见过像中国家长这么认真的学生。很难想象若没有对孩子那份切实的爱，这些父母能听完我 3 个小时连抑扬顿挫都不明显的讲座。

所以正是孩子，也只有孩子，才能让我们产生这样切实的爱。有了这样的爱，一切改变皆有可能。但是仅仅感性地凭着这份本能的爱仍然很难做一个好父母。这是因为这份爱会随着时间的流逝而渐渐变淡。有多少父母在孩子才2岁的时候已从爱得要命变成了"恨"得要死。不少焦头烂额的妈妈常常"恨恨"地对才2岁的孩子说:"我真想把你再塞回我的肚子里去。"确实,若没有理性的学习,父母这份本能的爱会随着孩子变得越来越"不可爱"而慢慢消失。因此,我们要趁着这份爱在自己身上还没有淡化,好好学习如何更加理性而长远地爱我们的孩子。即使这份原始的爱没有随时间而淡化,甚至愈来愈强烈,父母们若不通过学习和反思建立起理性的堤坝,他们这种本能的爱也可以成为溺爱的洪水而泛滥成灾。

　　本书旨在帮助父母理解规矩和爱的关系,引导父母用规矩建立理性的大坝,让爱造就孩子,也造就自己。在学习规矩和爱的关系之前,让我们先了解一下父母这个岗位的特殊性。

父母这个岗位无人代替

为人父母是教育也是艺术。它可以让你收获人生至乐，也可以让你收获人生至痛。

宋代词人家颐曾说过：人生至乐，无如读书；至要，无如教子。而我认为教育孩子不仅至要，而且可以至乐。记得著名音乐人梁弘志写过一首歌叫《读你》，蔡琴曾经唱过。她用那甜美、细腻的歌声把情人的至爱和读书的至乐巧妙地结合在一起。其实我们的孩子就是我们一生中最甜美、最细腻、最能让我们产生共鸣的一本书。如果你有能力去好好读，一定会读出"三月"的感觉，读出喜悦的经典。当孩子的一切移动左右你的视线时，你会情不自禁地唱出：读你千遍也不厌倦，读你千遍也不厌倦。

当然孩子也是最复杂最难理解的一本书，有时候我们会读不懂。但这不是主要问题，最主要的问题是现代中国越来越多的父母根本不把教育子女当做人生的至要。他们不愿意静心谦卑地来阅读品味那字里行间的爱和美妙。有的匆匆翻过，有的甚至从未打开过。这样的父母自然无法感受到那人生的至乐，一不小心孩子甚至会成为他们一生的至痛。

这些年我回中国讲课遇到过不少事业有成的父母。但这些在外人眼中的成功者却常常认为自己的人生很失败。因为他们的孩子不成功。当他们感受到这样的人生至痛时，他们才明白是孩子，而不是公司，才是自己人生最大的事业。但可惜的是，当孩子还小的时候，还能被"经营"的时候，他们没有去努力、去管教。当孩子上了高中甚至大学，很多坏习惯已经形成了，这些父母方开始意识到孩子的重要性。到了那个时候，虽然他们做了很多努力想要弥补自己的过失，但一切为时晚矣。因为教育在很大程度上是不可逆的。有一位精明能干的妈妈经过打拼，拥有一个规模不小的企业。但是她17岁的儿子却整天以网吧为家。第一次见到我，一开口，这位妈妈的眼泪就夺眶而出。在交谈中，她不断地重复这句话："我实在不甘心接受这样的现实，我愿意花掉我所有的财产，只要我能把我这唯一的儿子赎回来。"显然，这位妈妈意识到了自己的过失，她想把孩子"赎回来"。可惜的是孩子的品行和健康一样，都是很难用金钱赎回的东西。或许我们都明白这个道理，但现实中我们和这位母亲一样，要到彻底失去时，方懂得其珍贵。

　　孩子的教育是不可逆的，父母这个重要的岗位也是别人不可替代的。孩子和父母（特别是母亲）的连接是独特的，也是天然的。现代心理学研究发现，刚出生的婴儿就能在视觉和听觉上把自己的母亲从别的女性中识别出来。反之亦然，母亲也能很准确地识别自己孩子的哭声。随着孩子的长大，这样的连接更加密切。孩子和父母的依恋是一切社会学习的基础。所以，父母不仅是孩子的第一位老师，也是一辈子最重要的老师。

　　目前很多年轻优秀的白领妈妈工作非常辛苦，工作孩子不能兼顾。不少妈妈问我这样的问题：应该选择自己的事业还是孩子？我的建议总是这样：如果经济条件许可，选择孩子。原因很简单，你公司的工作别人能顶替，而妈妈这个岗位却无人顶替。你的事业以后也会有发展机会，孩子的教育错过这个时间，以后很难弥补。

　　有一位白领妈妈把出生不久的女儿留在老家让自己的父母带，前两年很少回去看。姥姥姥爷为了让宝宝记住妈妈，就把妈妈的一张照片贴在墙上，并常常对宝宝说这是妈妈。有一天妈妈真的回来了，当她抱住宝宝时，吓得宝宝大哭起来："我要妈妈，我要妈妈。"一面哭一面挣脱妈妈扑向墙上的那张照片。看到这一幕，这位妈妈的心都碎了。短短的两年，孩子心目中最需要的妈妈已经从一个有血有肉的人变成了一张平面的照片。这位妈妈后悔不已。下决心辞了工作，把宝宝接回自己工作的城市。之后还接受了专门的亲子辅导，花了差不多一年的时间才慢慢让孩子接受了现实中的妈妈。所以，不要以为孩子还小，自己可以开个小差。这个小差可以造成你和孩子一生的缺憾。

仅仅意识到为人父母这一岗位的重要性还是不够的，我们还要认识到这一岗位专业性。

别以为生了孩子就是父母

　　为人父母是这个世界上从业人数最多的岗位。它不仅重要,而且专业要求也很高。可惜的是很多父母上岗前,连最基本的培训都无法得到。

　　现代社会的分工越来越细化,每个岗位都需要有专业的培训。做账需要有会计证书;当老师自然要有教师资格证书;开车就更不用说了,性命攸关的事情当然要有驾驶执照了。但是,唯独父母这个最重要的岗位我们却可以没有经过任何培训就上岗。很少有人意识到这样做父母的危害甚于无证驾驶。交通事故危害的主要是肉体的生命,而为人父母出现问题危害的则是人的灵魂。现实中,无证驾驶毕竟是少数,而无证上岗的父母却比比皆是啊。

　　造成这样的现象主要有三个原因。首先,父母缺乏学习意识;其次,父母缺乏谦卑的态度;最后,现实中缺少父母教育的资源。

　　首先我们来谈谈第一种情况:不少父母认为做父母不需要专门的学习。真的如此吗?

　　很多年前我在《读者》杂志上读过一篇文章,说有一位在上海出生长大的犹太人母亲,因为父亲在"二战"时逃亡到上海。在中国和以色列正式建交后带着三个孩子回到以色列。初到以色列的日子,这位母亲一方面终日劳苦维持生活,另一方面又秉承再苦不能苦孩子的原则,为孩子准备一切能准备的，努力做着合格的中国式妈妈。不料有一天，她的一位邻居老太太看不下去了，走过来劈头盖脸地训斥这位母亲的老大："你已经是大孩子了，你应该学会去帮助你的母亲，而不是在这看着母亲忙碌，自己就像废物一样。"然后，邻居又转过头来训斥这位母亲："别以为生了孩子你就是母亲。"

刚读到这篇文章时，我觉得这位犹太邻居虽然讲得有道理，但其做法未免太不合情理。很难想象我自己会这么直接而严厉地去训斥一个邻居的孩子。更不要说训完孩子后还要当着孩子的面训斥他妈妈。这样做不仅有多管闲事之嫌，情理上连我这个局外的读者都有所不堪。不过随着这些年我对犹太教育的学习，我对这位犹太邻居的做法，甚至整个犹太文化都肃然起敬。

纵观两千年犹太人的历史，这样一个才一千万人口的小民族能够经历那么多的劫难后复国，他们的民族凝聚力不能不让世人惊叹。而这样的凝聚力和他们的教育有着直接的关系。犹太人笃信上帝，他们认为孩子首先属于上帝，其次属于以色列民族，然后才属于家庭。所以教育孩子人人有责。这样看来，那位邻居所管的是自己民族分内的事，而不是别人的闲事，因为犹太人认为，哪怕是邻居的孩子也要像自己的孩子那样管教。这一点就值得我们中华民族好好学习。我们的古训是：幼吾幼以及人之幼。犹太人不仅做到了这一点，而且扩展到了教吾幼以及人之幼。所以在犹太文化中这样的"教人幼"不是多管闲事，而是一种大爱。

但这个故事最让我念念不忘的还不是这位犹太邻居对别人孩子的管教，而是她转过头来训斥妈妈的那句话："别以为生了孩子你就是母亲。"

这句话很伤人，却发人深省。我们现在有多少中国父母都以为生了孩子自己自然就是父母了。那位犹太邻居的话给我们中国父母一个警示：生孩子只是证明你有生理上的生育能力，不代表你已经有教育上的养育能力。

为人父母需要谦卑

为人父母需要学习的知识实在太多了。无论是对孩子身体所需的营养还是心理的教育，都需要有专业的学习。著名教育家陈鹤琴先生在著名的《家庭教育》一书中，开篇第一句话就是："小孩子实在难养得很！"

有时候，你不晓得他应当穿什么衣服，吃什么食物！有时候你不晓得他为什么哭，为什么不肯吃！有时候，你不晓得他为什么生病，为什么变得这样瘦弱！

在列举种种不易之后，作者马上又写道：

小孩子不但是难养的，而稍明事理的人，知道也是难教得很！有时候，他非常倔犟，你不晓得骂他好呢，还是打他好；让他去强霸好呢，还是去抑制他好……

确实，抚养孩子需要学习，教育孩子更要学习。我从事儿童心理学的教育和研究已有 30 年之久，但是近些年看到日新月异的研究成果，常常不得不感叹自己对孩子了解得有限。例如，2010 年美国加州伯克利大学的儿童心理学家高普尼克（Alison Gopnik）出版了一本轰动美国的科普书籍《哲学宝宝》（The Philosophical Baby）。它为父母和教育工作者展示了一系列最新的儿童早期心理发展的研究成果。这本书之所以产生轰动效应，是因为有很多新的发现让我们在惊叹之余不得不重新认识孩子的能力。作者用了哲学宝宝为题目来形容婴儿思维之复杂。例如，高普尼克和她的学生发现一岁半的孩子已经能够很好地思考别人在思考什么。类似的研究发现不仅对传统的儿童发展理论提出了挑战，也让我们做父母的对自己的孩子有了崭新的认识。类似这样的发现为我们教育孩子都提出了进一步学习和思考的空间。作为一个现代社会的父母，我们所能学的育儿知识远远超过我们的祖先。这些新的科学知识一方面需要我们有更加好学的态度，另一方面也为我们学做父母提供了前所未有的实际指导。

意识到自己需要学习只是父母教育的第一步。有效的学习还离不开谦卑的学习态度。

我们说敬畏和谦卑是智慧的开端。学做父母我们同样要有谦卑的态度。我曾经遇到一些拥有理工科高学位的父母，虽然在家庭教育和子女教育中他们遇到很多问题，但是要帮助和改变他们特别困难，因为他们对教育和其他社会科学的偏见使他们很难先聆听别人的意见。他们非常崇尚他们所学的自然科学（理科），认为这才是唯一的真正学问，其他的文科包括教育只是耍耍嘴皮子的事情。

这样的现象不仅和这些家长的个性有关，还和特定的中国历史背景有关。这些父母往往成长于"文化大革命"结束后的20世纪70年代末期。当时的中国社会百废待兴，最缺乏的是能直接带助生产力发展的理工科人才。那时流行的一个口号是：学好数理化，走遍天下都不怕。到了高中最优秀的学生报考理工科，成绩稍差的报考文科，连文科也读得吃力的，只能报考外语专业。所以从那个年代走过来的父母在潜意识里常常重理轻文。他们对理科专业的骄傲忽略了这样一个现实：人类的教育和伦理并不比任何自然界的问题简单。它不仅需要用理性的逻辑去思考，更需要用真诚的内心来感受。康德的墓志铭上有这样一段话："有两种东西，我对它们的思考越是深沉和持久，它们在我心灵中唤起的惊奇和敬畏就会越来越历久弥新，一个是我们头上浩瀚的星空，另一个就是我们心中的道德律。它们向我印证，上帝在我头顶，亦在我心中。"即使我们对自然和人文的认识不能达到在宗教高度的统一，至少要对二者有同样的尊重。

在过去的几年中，我还是遇到很多非常谦卑也愿意学习的父母。但是由于缺乏父母教育资源，常常得不到这方面系统科学的指导。

为人父母需要专业培训

早教专家周弘先生曾在一次讲座中说过这样一件事：一位年长的家庭教育专家下榻在一个宾馆，看到那个宾馆有一个会议指示牌，上写："科学养猪研讨会请上五楼会议室。"老先生大受刺激，不禁老泪纵横："这年头连养猪都要研讨，怎么养孩子却没有专门的培训啊！难道养人还不如养猪？"

所幸的是这样的现象正在渐渐改变。一方面，国内的一些有识之士用自己的知识和财力来普及父母教育的知识。例如顾晓鸣教授的中华家庭教育网。另一方面，一些西方的父母教育理念和课程纷纷通过商业操作进入中国。例如Parents As Teachers（PAT），和Parents Effectiveness Training（PET）。但是这样的资源往往杯水车薪。一则因为中国需要帮助的父母人数众多。二则由于有些培训项目的收费让很多有经济制约的父母不得不望而却步。所以要改变这一现状，需要政府的大力介入。大约在20年前，美国心理学家在对1364个贫困家庭早期教育的效果做了14年的跟踪研究后，发现这些贫困家庭如果注意0~3岁的早期教育，孩子认知的发展和将来的学习成绩都会受益。这样的研究结果对以后美国政府加强家庭教育的投入产生了非常积极的影响。我们应该借鉴这些成功的经验，政府的有关部门在改善贫困家庭经济状况的同时，也要注重对父母教育能力的培训。

值得注意的是，父母教育和其他教育一样必须考虑到文化的因素。怎样使父母教育符合中国目前的国情和传统文化这是一个非常值得研究的课题。特别是目前很多父母教育课程都是由西方国家直接引进，当有些方法运用在中国家庭时，会发生很多问题。所以培训父母必须加入文化的考量。有关父母教育和中国传统文化的关系，在本书的很多地方都会论及，这里简单阐述我的三个主要观点。

首先，我们需要补课，寻回中华家教的根源和精髓。只有找回自己的根，才是教育生命的开始，才能真正吸收别的文化中的养分。我读了马镛的《中国家庭教育史》，领略了传统家庭教育思想之丰富。特别对施教中规矩和爱的辩证统一有很多精辟的论述。例如，传统教育中虽然强调父严，但也明确为人父亲的最高境界是慈爱（为人父止于慈）；虽然强调母慈，也有以"慈母败子"的告诫。反观如今的中国社会，由于经历了"文化大革命"等社会文化的劫难，失去了很多传统的根基。很多家庭既不知道怎样爱孩子，更不知道如何做规矩。由于缺乏基本的规矩，有些孩子小小年龄就胆大包天做出令人发指的恶行。例如2012年3月，在江苏常州几个未成年的孩子竟然在敬老院寻衅滋事并毒打一位欲制止他们的70岁的老人。最后还得意地把施暴过程的视频放到网上炫耀。这样的现象竟然出现在有着"老吾老以及人之老"传统的中华大地，使我们不得不承认这样的现实：我们和传统文化越来越遥远了。

当然寻根的目的并非照搬过去，而是让好的传统与时俱进。虽然为人父母的基本原则是古今中外永恒不变的。但是在具体的一些方式方法和要求上，我们要结合现实中环境的特殊性。例如，现在孩子的知识结构与所处的环境和我们小时候的情况很不相同，所以为了能和孩子沟通，我们就不得不先进入他们的世界。

有一次我回国和朋友一家人吃饭时，朋友那10岁的儿子突然很兴奋地说："我要告诉你们一个重要的道理。"等我们都停下手上的筷子，他一本正经地说："为领导干一百件好事也不如与领导一起干一件坏事。"我想了想才明白这句话的意思，忙问他是怎么知道的。只见小朋友满不在乎地说："周立波说的。"孩子的爸爸妈妈忙把话题扯开了，我也不敢再追问和领导一起究竟能干什么坏事情。

我们的孩子生活在这个信息时代，该知道的，不该知道的，他们都在接受。怎样和他们交流？怎样引导他们？都是崭新的课题。无论《三字经》或是《朱子家训》都没有现成的答案。所以仅仅懂得传统教育的原理只是第一步，重要的是能与时俱进。教育是一门艺术，它需要教育者在面对不同的孩子、不同的环境时，创造性地把基本的原理发扬光大。所谓教无定法就是这个道理。

需要指出的是，与时俱进不等于随波逐流。在基本的教育原则上我们一定要牢牢坚持。中国目前的教育环境是前所未有的急功近利，这就更需要我们有教育的智慧和教育的勇气来坚持原则。

为人父母需要用心而不是用计

《圣经》的《箴言》是以色列历史上最有智慧的君王所罗门写给自己的孩子和世人的训言。其中有一段是这样写的:"你要保守你心,胜过保守一切。因为一生的果效,是由心发出。"

人一生的果效是由心发出的。我们教育孩子的果效岂不也是如此。你自己平时的一言一行都体现了你内心对规矩和爱的态度。你内心是否有爱,是否尊重规矩,要比你对孩子用怎样的方法和提什么要求重要得多。可惜很多年轻的父母不明白这个道理,只求方法而不反思自己的理念。这种只想用计、不想用心的功利态度其结果往往事与愿违。

一位年轻的母亲为了改善和10岁女儿的交流,开始学着改变自己一贯的指责和批评的口气,而用表扬和肯定的语气来和女儿说话。第一次第二次交流还不错。到了第三次,母亲一开口表扬,女儿就打断:"停!黄鼠狼又来给鸡拜年了。你就直接说'但是'后面的话吧。"原来这位母亲每次在艰难地表扬完孩子后,马上跟着一个"但是",接着就又回到了自己轻车熟路的批评和指责上。孩子是最能把我们看透的人。这个女孩心里非常清楚:你的指责是发自内心的,而表扬却不是。

好的教育方法一定是发自内心的。《三字经》里说:窦燕山,有义方,教五子,名俱扬。表面上看窦家教育的成功来自于好的方法(义方）。殊不知这位窦燕山在有孩子以前就身体力行做到这些规矩了。更重要的是，这些规矩是他自己人生教训的总结。窦燕山 30 岁以前也曾做过很多伤天害理之事，所幸当时膝下无子。30 岁后幡然改过，从善积德。老得五子：仪、俨、侃、偁、僖相继及第，便有了成语"五子登科"。所以《三字经》里提到的"有义方"不仅仅指窦燕山好的教育方法内容本身，更重要的是这些好的方法发自于窦燕山内心的理念，而这理念又支配他平时的行为。所以是窦燕山先敬畏接受了规矩，这些规矩才会在五个儿子身上有这样的结果。设想如果窦燕山在 30 岁前放荡不羁时就有了这五个儿子，即使他制定了严厉的家规，也一定不会有这样的结果。

所以，如果我们对孩子的要求是我们身体力行的，教育便是水到渠成的。古人说得好：其身正，不令而行。其身不正，令而不行。下面我来举两个例子分别说明这两点。

这个"其身正，不令而行"的故事记载在《宋史》里：

宋朝时候，有个叫陈昉的人，他的家里，自从他的祖父陈崇留下法制以来，合族一同居住着，已经十三代了。家里大大小小男男女女，共有七百多个人，但是不雇一个佣人。上上下下的人，都很亲睦，没有一个人说离间的话。他家里吃饭的时候，一定大家坐在广大的厅堂里，没有成年的孩子都坐在另外的席上。若有一个人没有到席，全族的人都不动筷。他家里养了一百多只狗，都在同一个槽子里吃着食。倘若偶然有一只狗还没有到，所有的狗都会等待，不肯先吃。因此乡里间的人家，也都被陈家所感化了。那时候的州官叫张齐贤，就把这个事情奏上朝廷，把他家里的徭役统统都免了。

这就是陈昉百犬的故事。当人与人每天以礼相待时，狗也能被感化，更何况孩子乎？

讲完了古代"其身正，不令而行"的故事，再讲一个现代"其身不正，令而不行"的故事。我认识一位非常爱儿子的年轻妈妈。她非常好学，而且力求教之有道。但儿子聪明过人却调皮好动。在恢复国学悄然成风的现今，这位妈妈读到了《弟子规》，顿时心里一亮。她立刻让儿子熟读背诵弟子规，并用弟子规所说的要求儿子。这位妈妈最喜欢的四句是：

父母呼，应勿缓，父母命，行勿懒；

父母教，须敬听；父母责，须顺承。

儿子不仅很快背出了弟子规，而且很努力地按照妈妈的要求去做。但是有一天他突然不干了。面对妈妈的批评不仅没有顺承，反而歪着头顶嘴。妈妈即刻要儿子背诵这四句弟子规，儿子背完这四句弟子规后还拖了一句："那你对姥姥咋不是这样的？"

为了孩子，我们做父母的要重新成长。只想改变孩子而不想改变自己的父母古往今来很少能有成功的。

认识到父母这个岗位的重要性，有了谦卑的学习态度，我们就可以开始系统地学习为人父母的功课。首先需要的理念是牢牢坚持以下四项基本原则。它们是指导我们行动的基础。

不占有原则：孩子不是你的孩子，你可以爱他、教育他，但是不能占有他。

规矩和爱统一原则：成功的教育是爱和规矩的结合：真正的爱是带有规矩的爱，真正的规矩是体现爱的规矩。

情商先于智商原则：一个人的成功至少 70% 归于情商，不到 30% 归于智商。

共同成长原则：教育孩子的过程也是父母自己受教育成长的过程。要改变孩子，父母先改变自己。

为人父母四项基本原则之一：
不占有原则

很多年前，我的一个朋友有了孩子，大家约好了都去祝贺。那天我买了两大包尿片也跟着去了。到了朋友的家里看到小宝宝时，大家轮流抱着孩子你一言我一语地议论，孩子是像爸爸多一点还是像妈妈多一点。当孩子转到我的手里时，我不识抬举地说了一句："这个孩子不是你们的。"朋友和他太太虽然有所不悦，但知道我平时喜欢开玩笑，也没有太在意，当然也不会去做时下流行的亲子鉴定。

其实多年前的那句话还真不全是玩笑，它说出了一个重要的教育原则，那就是不占有原则。这一原则反映的是最基本的父母观：自己和孩子是怎样的关系。不少中国的父母认为这个孩子是我生出来养大的，舍我其谁？这样的父母观所产生的教育结果就是占有这个孩子的思想和情感。其实只要我们稍微想一想自己的成长经历，就知道这样的父母观是多么错误而且不客观。我们的思想和情感从来没有完全真正属于过我们的父母。我们每个人都有自己独立的思想和情感。它们受父母的影响，但是不属于父母。那么孩子属于谁呢？为了回答这个问题，阿拉伯现代小说、艺术和散文的主要奠基人卡里·纪伯伦（Kahlil Gibran）写了一首脍炙人口的诗，后由冰心翻译成中文。

论孩子

你们的孩子，都不是你们的孩子，
乃是生命为自己所渴望的儿女。
他们是借你们而来，却不是从你们而来，
他们虽和你们同在，却不属于你们。
你们可以给他们爱，却不可以给他们思想。
因为他们有自己的思想。
你们可以荫庇他们的身体，却不能荫庇他们的灵魂。
因为他们的灵魂，是住在明日的宅中，
那是你们在梦中也不能想见的。
你们可以努力去模仿他们，却不能使他们来像你们。
因为生命是不倒行的，也不与昨日一同停留。
你们是弓，你们的孩子是从弦上发出的生命的箭矢。
那射者在无穷之间看定了目标，
也用神力将你们引满，使他的箭矢迅速而遥远地射了出来。
让你们在射者手中的弯曲成为喜乐吧。
因为他爱那飞出的箭，也爱那静止的弓。

孩子不属于你，他们属于他们自己。他们有自己的归属，也会寻找自己灵魂的归属，但这归属一定不是你。你一方面要去认识那位拥有神力的射者，从他那里汲取力量和智慧，另一方面你要客观地认识到自己的角色只是那射者手中的弓。你所要做的事情就是把孩子培养得足够坚强，然后义无反顾地把孩子像箭一样射出去，这才是做父母的职责。只有明白了孩子不属于父母的观念，你才会一开始就把"培养独立"纳入你的教育。

西方的很多家长因为受基督教思想的影响，自然就接受了孩子属于上帝而不属于自己的观点，他们认为，首先孩子是上帝赐予父母的礼物和财富，父母有暂时保管的权力和教育孩子的神圣职责。在圣经中耶稣多次用管家的比喻告诫门徒和世人要明确自己的身份和职责。既然是管家，为人父母就要首先明白所管理的财富不属于自己。其次我们要做一个既忠心又良善的管家，尽自己的责任把财富管理好。孩子是上帝赐给我们的一笔大的财富，当他们还在我们手里的时候，用良善和智慧去管理。既然孩子是神所赐的财富，教育孩子就是替神管理。所以这是一份神圣的工作。如果你去占有孩子，你就在获取不属于你的财富，你就在贪污：用贪婪的私心玷污了神圣的职责。

同时，西方家长会认为每个孩子也是独立的个体，他有自己的需要，要尊重他。越尊重他，他就越尊重自己，也尊重别人。他们在孩子一出生就开始用尊重的观念培养他们的对立能力。最直接的例子就是宝宝一出生，就让她独自睡在自己的小床上了。一个月以后，孩子就睡到自己的卧室了。结果是孩子对父母很亲，但是很少吵着要和父母一起睡觉。不仅如此，他们还从小知道，自己有属于自己的空间，父母也有父母私密的空间，，彼此需要相互尊重。这样的教育，使孩子从小就学会了管理自己的空间和尊重他人空间的概念。不要小看这细小的行为习惯，这是孩子走向独立的第一步。

反之，如果你用占有的观念来教育孩子，你就会牢牢地把孩子拽在手里。有的妈妈看上去很爱孩子，甚至愿意为孩子牺牲自己，但这样的牺牲往往是物质上的，精神上却是非常贪婪地占有孩子。即使孩子长大成人，这些妈妈还是不愿放弃占有。中国社会中婆媳关系常常比较紧张，一个重要的原因就是婆婆非分的占有欲望。《圣经》中明确地说："人要离开父母与妻子连合，二人成为一体。"而很多中国婆婆的占有欲使她们常常要把"成为一体"的夫妻生生地撕开来。很难想象这样的家庭能够幸福。20多年前我在中国学习临床心理学时曾遇到过这样一个案例。

在上海有一个年轻守寡的婆婆和儿子相依为命，儿子对母亲也特别依赖。后来儿子结婚了，婆婆就把原来两室一厅中的大房间给儿子做了新房。在那个年代，婚前性生活还很少，所以洞房之夜两位新人非常紧张激动。但是更紧张的还是婆婆，她失落，又担心。坐立不安的她忍不住就贴着新房门探听，当她听到里面有动静时，就开始敲门。儿子马上停止一切活动，穿了衣服起来开门。这位婆婆见到儿子出来就叮咛说："要盖好被子啊。"儿子道谢后就关门上床，这位婆婆还是不放心，当听到里面又有动静时，又敲起门来，这次是要检查阳台的窗户有没有关紧。这样三番几次的干扰使这个儿子最后得了阳痿症。最后小夫妻几乎要离婚。

虽然这是一个极端的例子，但是因为父母的占有欲而使孩子的婚姻破裂的事情在中国还是常有发生。退一万步说，孩子长大了还真的离不开你这个做父母的了，你会幸福吗？孩子会幸福吗？

如果为人父母有了这样一颗自私占有的心，你就会失去了一双观察的眼睛和一对聆听的耳朵。你不愿意看到孩子的未来，不会聆听孩子的需要。你只会用你的心来篡夺孩子的心，用你的情感来替代孩子的情感。带有占有观念的你或许表面上很爱孩子，甚至为孩子付出很多，但可悲的是，你这样的爱也无可避免地体现了自私的一面。你的辛苦付出得到的将是遗憾终身。因为你一开始就错了：你认为孩子属于你，你可以占有他。

所以要爱你的孩子，但不能以占有作为条件。和孩子相处，最重要的原则是尊重孩子。要把孩子看做一个完整的灵魂，即一个有自己独立人格的个体。

为人父母四项基本原则之二：
规矩和爱统一的原则

教育的核心就是处理好规矩和爱的关系。成功的教育是规矩和爱的统一：真正的规矩是体现爱的规矩，真正的爱是带有规矩的爱。

这是本书的中心，在后面的章节里会具体展开。在这里，我想简单谈谈规矩和爱统一的原则和其它三项原则的关系。

不占有原则是规矩和爱统一的前提条件。当父母能摆正自己和孩子的关系，不以自私的占有作为培养的目的时，规矩和爱就比较容易统一。因为当你把孩子看成一个独立的灵魂，你就会对孩子保持一种尊重和理性。这样的尊重和理性往往是规矩和爱结合的前提条件。相反，如果以占有为目的，你就很容易失去基本的教育理性和教育界限。当孩子依赖你、愿意被你占有的时候，你对孩子百依百顺，毫无规矩。当孩子要独立的时候，你又会滥用规矩、不顾一切地去阻扰孩子的成长。最后规矩不成其为规矩，爱也不成其为爱。很多年轻的父母往往觉得孩子两岁以后就没有以前那么可爱了。其中一个根本的原因就是两岁的孩子由于独立意识的迅速发展，不像以前那样被你父母完全的占有了。如果父母还是一味地想去占有孩子就会产生很多的烦恼，有的父母甚至因此对孩子情绪失控。

规矩和爱相结合是培养孩子情商的保障和有效手段。简单地说情商是对自己和他人的情绪感受和管理。要让孩子客观地感受和管理情绪，父母首先就要在这方面为孩子树立榜样。例如，只有父母要用爱心去感受和接纳孩子的感受，孩子才会客观地认识自己并慢慢地愿意学着去感受接纳别人的感受。同样，只有父母敬畏规矩不随心所欲，孩子才会学着用规矩去管理自己的情绪。

规矩和爱的统一是父母成长的必修课。要培养高情商的孩子，就需要有高情商的父母。所以，为了孩子，我们首先要学习提高自己的情商。父母要提高自己的情商，就要重新学习规矩和爱的功课。在后面的共同成长原则中我会谈到这样的观点：孩子的到来为我们父母各方面的成长提供了绝佳的机会。而最需要我们学习的两门功课就是规矩和爱。前面已经讲过一个人对爱的学习要经历初级班，中级班，和高级班。同样，为人父母也要补上学习规矩这门课。给孩子做规矩所遇到的挑战往往是父母自己无法真正敬畏规矩。例如，很多父母常常不忍心给孩子做规矩。这样的错误行为的根源就是父母自己没有建立对规矩的敬畏。所以因为孩子，也为了孩子，我们要重新学习规矩和爱的功课，在规矩和爱里与我们的孩子共同成长。

为人父母四项基本原则之三：
情商先于智商的原则

在《论语·学而篇》第六条中说："弟子入则孝，出则弟，谨而信，泛爱众，而亲仁。行有余力，则以学文。"根据儒家的这一基本思想，后来的三字经和弟子规都强调这一点：先学做人，再做学问。用现代心理学的话来说，就是情商先于智商。

一个人的成功至少70%归于情商，不到30%归于智商。这是《情感智力》（emotional intelligence）一书的作者高尔曼（Daniel Goleman）所得出的研究结论。如果我们把一个人是否感受到幸福作为成功人生的核心，那么情感智力的重要性就更加清楚。

近年来，大学生自杀的人数有上升的趋势。自杀者中不乏清华、北大等著名高校的学生。他们自杀的原因或是学习压力过重、失恋，或是不适应环境等。为了杜绝这样悲剧的发生，我们也在努力改善环境。但同时，我们不得不好好思考为什么这些自杀者自身抵抗挫折的能力会这么差。不少自杀者的父母面对这样的现实时，悲痛之余往往会发出这样的心声：早知道这样的结果，我情愿让孩子少读点书，情感上能更加健康。否则在崇尚物质和功利的现实社会中，你和孩子都很容易迷失方向。当悲剧发生时，一切都悔之晚矣。

几乎所有的家长都希望自己的孩子优秀。但什么是优秀？这个问题在教育学和心理学研究上颇有一番争论。一开始,心理学家们将注意力都集中在智力上。特别是法国心理学家比纳第一次用一个量表将人的智力用一个数字来表达时,各种各样的智力测验风行一时。但是不久,人们发现能被这样"客观"评定的素质能力还是有限的。特别是当哈佛心理学家加德纳提出了智力的多项元素说后,人们忽然发现传统中所谓的智力还是不能概括一个人的素质。加德纳的理论其中一个重要的贡献是他把人际关系的能力和自我反省的能力作为两个智力的元素。在我看来这两个能力和他所提出的其他五项元素是不一样的。

后来麻省理工大学的学者高尔曼出版了《情感智力》一书,使公众对素质的理解有了重要的突破。沿袭 IQ 的概念,人们用 EQ 这个词来代表情商。情商是认识自我、控制情绪、激励自己以及处理人际关系、参与团队合作等相关的个人能力的总称。情商对一个人一生的成功比智商重要得多。世界上的人可以按情商和智商的高低不同分成四种类型:智商情商都高;智商情商都低;智商低情商高;智商高情商低。四种类型中最不幸福的要数最后的智商高情商低这一类型。下面我举一个例子来说明为什么这类人最不幸福。

在美国我认识一对在学业上非常优秀的夫妻。先生出生在一个贫穷的山村,靠着自身的努力考上了大学和研究生。在国内读研期间,他的努力和才华深得导师的欣赏,毕业时不仅拿了论文最高奖,还把导师唯一的千金娶走了。不久夫妻双双来到美国读博,然后就业。但是夫妻间的交流越来越困难,常常吵架。只要妻子说话稍不注意,这位"于连"式的丈夫就觉得妻子看不起自己卑微的出身和尚在山村的父母。其实主要还是丈夫内心极度的自卑在作祟。这样的人常常表现出不稳定的情绪和极强的攻击性。因为缺乏发自内心的客观自信,就非常敏感于别人的评价,甚至常常觉得别人看不起他,攻击他。一旦感觉别人在攻击他,他内心的防御机制马上启动,表现出来的行为就是先下手为强,攻击别人。最后，这对夫妻以离婚收场。这位先生不仅和妻子相处有问题，和朋友相处也常常莫名其妙地发生冲突。和朋友一起吃饭，如果别人埋单，他心里就嘀咕："不就比我多挣点，就在我面前摆阔。"如果别人让他埋单，他更不舒服："比我挣得多，还要吃我的，分明在欺负我。"由于自我认识不客观，对别人的行为和言语的评价就缺乏理性，情绪反应就偏激。这样的人即使学业优秀，但总没有幸福感。

可悲的是，我们的教育在大批量地生产这种类型的人。很多好学校的好学生都特别自私，因为情商的培养从未真正落实到我们的学校课程中。所以孩子情感智力的培养不能依赖目前的学校教育，更不能等到那个年龄才开始情商的培养。情商的教育应该从一出生就开始。在第五章中，我们会讨论怎样在生命之初就开始规划生活，培养孩子的自我控制、自我管理的能力。古人曾说"少成若天性，习惯如自然"。若是我们让孩子从小发展健康的情感模式，长大了孩子不仅能在环境中很好地适应，而且所思所行都会自然从容。

如何用规矩和爱来培养孩子的情商，我会在第六章、第七章中具体展开。

为人父母四项基本原则之四：
和孩子共同成长的原则

如果你明白了以上三个基本原则，你就不难理解共同成长原则。首先你要克服占有的本能，明白爱孩子就是要帮助孩子更好地离开自己。有了这样无私的爱，你才会把理性引入你的规矩和爱。只有理性的规矩和爱才能教育出高情商的孩子。所以归根到底，在教育孩子的过程中，你和孩子一起经历爱的成长。就像一个老师一样，如果在教育学生的过程中，自己没有什么收获，这样的老师算不上一个真正的好老师。不能和孩子一起在爱中成长的父母一定不是一个好父母。

和孩子共同成长是全方面的，需要父母因为孩子而在理念、行为、知识三个方面都得到更新。

因为孩子而改变理念：孩子的到来让我们很多的价值观发生了改变。最直接的改变莫过于对自己父母的认识。我在给连续两期的总裁培训班上课前的问卷中，有一个问题是："孩子的到来，对你最大的改变是什么？"结果超过70%的答案是：更加感恩自己的父母。

有一位妈妈，自己没有孩子之前对自己的父母有很多的不满意。对母亲的态度一直不太好。当自己做了妈妈以后感受到了自己父母的不容易。她在我的博客上给我留言说：

我心里一直想要对父母说声"对不起"，心里不知道说了多少次了。

终于有一天，回到家，走到在厨房烧饭的妈妈身边，对妈妈说："以后我再也不说那些话了。""对不起"还是没有说出口，但我看到妈妈背对着我，抹眼泪。

确实，我们中国人要对父母说出"对不起"这三个字真是太难了。有时候有这份感恩就可以了。我自己对父母也有过这样复杂的情感。因为早期父母的严厉教育（详见第三章），我对父母一直心存芥蒂。特别是自己学了几年心理学后，更不知天高地厚，常想着要和父母理论。有一次，我曾用专家的身份对父亲说："爸爸，我能不能和你谈谈以往你对我和姐姐的教育？"一向严肃的父亲脸上露出非常为难的神情："算了吧，还是不要谈了。"沉默良久，父亲又说了一句："在那个年代（"文化大革命"），我自己都没有安全感，能把你和你姐姐培养成这样已经很不容易了。"我从此再也没有这样鲁莽的念头了。多年后，我自己做了爸爸，更加后悔对父亲曾经有过的挑战，同时更加理解那规矩背后的父爱。

因为孩子而改变个性：除了对父母的养育之恩有更深的体会，不少父母因为对孩子的爱改变了自己的价值观，甚至是自己的个性。很多年轻人在结婚时曾经信誓旦旦要改变身上的缺点做个合格的丈夫或妻子，但是一旦结婚，还是我行我素。或者装上几天就原形毕露。难怪黑格尔会告诫年轻人："与所爱的人长期相处的秘诀是：放弃改变对象的念头。"确实，我不太相信婚姻能改变一个人。但发现因为孩子而改变自己的父母却大有人在。

有一位妈妈在博客上曾经这样详细记录自己的转变过程。其中我们可以清楚地看到这位妈妈成长的一些重要环节：开始的立志、过程的挑战、和坚持的结果。

这位妈妈在孩子来到这个世界的那一刻，就立志要和宝宝共同成长。她在日志中写道：

亲爱的宝宝，当妈妈第一次抱起你，妈妈就立志一定要做一个好妈妈，成为你心目中最亲密的伙伴、最完美的母亲。妈妈知道今后我的一言一行时刻都影响着你的成长。所以妈妈一定要将身上的缺点克服掉，在不断地学习与改进中令自己得到提升，这样才能做好你的领路人。

不知道有多少妈妈在初为人母的那一刻，在爱得陶醉中能像这位妈妈那样明确改变自己的重要性。我为这位母亲感到骄傲。但更可贵的是这位妈妈还知道自己身上最需要改的是什么。

妈妈深知自己最大的缺点就是脾气暴躁。其实，妈妈很不喜欢这样的自己，可已经是多年形成的习惯了，根本无法改掉。但是，这次妈妈要因为宝宝而彻底改变。

要改变自己谈何容易，即使这样一位有爱心有决心的母亲还是渐渐忘了要为了孩子改变自己的诺言。但是她能迅速觉察自己的问题。

后来，妈妈就慢慢忘记改变自己的诺言。直到宝宝两岁的一天才突然醒悟。那次宝宝你因为喜欢的玩具被压坏了就冲我大吼大叫，还将能抓到的东西使劲往地上砸。那一刻，妈妈从宝宝你的身上看到了妈妈自己……猛然间，妈妈觉醒了，认识到了问题的严重性。从那以后妈妈便对自己坚决地说："为了孩子，我一定要改变！"

所以，是孩子的行为教育了这位妈妈，让她想到了那诺言。于是艰难的自我改变过程开始了。

从那以后，宝宝，每当你惹妈妈生气时，妈妈还是想大发雷霆。但每次妈妈会先到一边深呼吸，缓冲坏情绪。然后尽量用柔和的语调和宝宝交流。一开始，妈妈很勉强。但是妈妈知道这是正确的方法。只是妈妈还不适应。

不知道有几个妈妈能够走出这一步，又有几个妈妈能坚持这样做下去。但我们的孩子让我们有勇气和决心这样做下去。当父母自己改变了，孩子的改变就很自然。

起初，宝宝对妈妈这样的改变也颇感意外，觉得妈妈有些陌生。但是这种陌生没有疏远我们彼此的距离，反倒融化了我们之间的冰峰。渐渐地，妈妈就真的把这个多年的坏脾气给改得差不多了。宝宝见妈妈不再像往常一样气冲冲的，宝宝也变得讲道理了……此时，已经不是哪一个人在进步，而是宝宝和妈妈一起在成长。

最后这位和孩子共同成长的妈妈做了这样的总结：

通过自身的验证与实践，如果妈妈们认识到自身的缺点后，请尽快改正吧。为了孩子我愿改掉一切缺点，哪怕再难也阻挡不住我坚定的信念。千万不要错过早教这一良机，给孩子和自己留下任何遗憾。为孩子提供一个快乐的土壤吧，因为父母的心态决定着孩子的明天！

确实，和孩子共同成长，痛并快乐着。

因为孩子而学习新知识：除了理念和个性上的成长，因为孩子，我们父母有了很多学习知识和技能的好机会。同样，知识的学习和成长无论对父母和孩子都有重要的意义。

很多父母最头疼的一件事情是逼着孩子练钢琴。我在讲座时有很多父母都提出了这个问题。由于我对音乐教育没有研究，没有办法给出好的解答。但是我实地观察了很多痛苦的小琴童的状况，有一个使他们产生厌恶的普遍原因是练习过程中的孤独和无意义。我发现如果有一个妈妈和孩子一同学习相互交流，孩子练琴的自觉性就高，效果自然就好。下面就介绍一位和孩子共同学钢琴的妈妈。

这位妈妈在女儿四岁半时发现她在幼儿园见老师弹钢琴就会非常专注地看。于是便开始给孩子报班学习。但和别的没有音乐基础的妈妈不一样的是，这位妈妈决定要和孩子一起学习，一起练琴。事后谈及这个初衷，这位妈妈觉得有些无奈："我要是不懂，就没法辅导啊。"确实，和孩子共同学习的一个直接动机是能够更好地帮助孩子。这位妈妈后来选择了老师"一对一"的教学，这样，费用就会高很多，教的频率只有每周一次。这位妈妈回忆说："孩子毕竟年纪小，有时候老师讲的内容孩子记不住，我便负责做记录，时间长了，老师讲解的时候，女儿如果还有不明白的地方，我也会上前用更简单的话再讲一遍。"

"除了能够辅导孩子，和孩子一同学习的另一个重要影响是让孩子在学习过程中有一个相互理解比较的同伴。"这位妈妈事后回忆说。

女儿能和我一起学习，感觉动力十足，经常要求主动练习。有的时候我不想练习，女儿就告诉我说："妈妈不练，我也不练，跟我较劲。"由于要上夜班，所以妈妈每天只能抓紧早上孩子上学前的一段时间督促孩子练半小时左右的琴。原来孩子经常不愿意练，不过有了妈妈这个对手之后，每次练习都非常认真。

在和孩子共同学习的过程中，父母用自己的学习态度为孩子树立了一个榜样。这位和孩子一起学钢琴的妈妈是这样说的：

如果我不会，或者弹得不好，女儿不仅会给我指出来，而且容易不听我的。所以，我只好努力学，争取做一个勤奋的妈妈，给女儿树立一个好的榜样。

6年以后，女儿考出了钢琴六级，而妈妈却考出了八级。最后爸爸也被感动了，决定买一架高级的钢琴，让这个家庭时刻充满母女快乐的琴声。这个家庭不仅因为孩子学习钢琴而提高了音乐素养，更重要的是全家都享受到了共同成长的快乐。

孩子迟早会离开我们独立。我的很多同学和朋友在这几年因为孩子去读大学纷纷进入了空巢期。有一位父亲因为女儿出国读大学，伤心不已，在一开始的两个月连进入女儿卧室的勇气也没有。我也在想象这一天的到来。我想到了那一天，尽管会伤感，我还是会泡一杯茶到孩子的卧室里独自坐一会儿。摸摸他睡过的床，翻翻他留下的书籍，看看他成长的照片，我会默默地对孩子说：谢谢你宝贝，你让爸爸更加懂事，你让爸爸又有了一次美妙的成长机会。

　　孩子不仅是一个新生命的开始，也是对一个旧生命的救赎。爱默生曾经说过："婴儿期是永生的救世主，为了吸引堕落的人类重返天国，它不断地来到人类的怀抱。"当孩子来到你的怀抱的那一刻，心里就默默地说："孩子，我愿意和你一起成长。"当孩子离开你的那一天，但愿你的心里除了伤感还有感恩。

第二章

规矩和爱：教育孩子既要爱也需要规矩

规矩和爱是教育的核心，规矩和爱是统一的

真正的规矩是体现爱的规矩，真正的爱是带有规矩的爱

规矩和爱都需要学习

规矩和爱能成就孩子的未来

规矩和爱不可或缺

几乎每个父母都知道规矩和爱在教育中不可或缺，但也几乎每个父母会认为做规矩要比爱孩子难得多。确实，爱自己的孩子常常是一种身不由己的本能，而做规矩却往往要逆着这样的本能去限制孩子。结果就是很多父母明明知道什么是规矩却不忍心给孩子做规矩。看上去这样做是因为爱，实质上这是在用爱的名义亵渎规矩的神圣。反之，也有不少父母以规矩的名义发泄自己的愤怒。这不但伤害孩子的身体，更伤害孩子的心灵，这同样是对规矩的亵渎。所以做规矩难，归根结底就难在我们不能把感性的爱上升到理性。这种缺乏理性的爱终究会玷污了为人父母的神圣职责。

一个人若是只知道疼爱孩子，却不忍心去管教孩子，这样的人谈不上是一个真正的父母。因为"养不教，父之过"。管教孩子是为人父母不可推卸的责任。在《圣经》上是这样说的："因为主所爱的，他必管教，又鞭打凡所收纳的儿子。"所以正是因为爱孩子，我们才管教，甚至鞭打。管教和规矩是出于爱。你若是一味不忍心，你的爱就变质成了溺爱。溺爱是害也是恨。正如《圣经》的《箴言》中所说："不忍用杖打儿子的，是恨恶他。"没有理性的把持，人那浅薄的爱如窗外的风来得快去得也快。很多人口口声声说孩子是自己的最爱，但是当孩子让自己生气时，对孩子的爱马上就敌不过自己的怒气。其结果就是随着自己的情绪做规矩，动辄怒吼暴力。这样的爱只存在孩子可爱的时候。这样的爱不是真正的爱。《圣经》中对爱的定义是："爱是恒久忍耐，又有恩慈。爱是不嫉妒。爱是不自夸，不张狂，不做害羞的事。不求自己的益处，不轻易发怒，不计算人的恶。不喜欢不义，只喜欢真理。凡事包容，凡事相信，凡事盼望，凡事忍耐。"爱的定义中竟然有八个"不"字，从"忍耐"开始，用"忍耐"结尾。所以真正的爱是对自己的克制，对他人的忍耐。

严格地说，凭情绪做规矩和不忍心做规矩二者的本质是一样的，那就是不懂得什么是真正的爱，若不懂得什么是真正的爱也就不明白什么是真正的规矩。

所以为了爱，你要忍心给孩子做规矩。为了爱，你也要忍着情绪做规矩。

真正的规矩是体现爱的规矩，
真正的爱是带有规矩的爱

　　规矩的根源是爱。所以在谈规矩之前，先要来简单谈谈一个人认识爱的发展过程。

　　人因爱而生，也为爱而活。但爱是一门需要学习，且需要一生学习的功课。人生要经历三个爱的阶段，学习三门爱的功课。这三门爱的功课分别是：初级班、中级班和高级班。爱的学习是一个循序渐进的过程。每一阶段的学习都是下个阶段的基础。

　　我们还是孩子的时候，所经历的是爱的初级班。这个阶段我们的主要任务是接受爱、体验爱。爸爸妈妈爱我们，我们感受到了就对他们产生依恋。心理学家发现这个阶段婴儿能否感受到足够的爱，建立起健康的依恋会影响一生的情感发展。但是这个阶段的主要特点还是通过单向地接受来理解爱。慢慢地我们进入了爱的中级班，因为我们开始学着分享爱。这个阶段爱的特点是给予和得到的平衡。典型的例子就是年轻人谈恋爱，最高的境界是你拥有我，我拥有你，你选择了我，我选择了你。如果我想拥有你，而你却不想拥有我，甚至想拥有别人，我就痛苦万分。有时候，甚至双方的爱有那么一点不平衡、不同步，恋爱的过程就很痛苦，因为中级班的学生所能懂的爱只是给与得相平衡的爱。

　　当你开始为人父母时，不管你愿意还是不愿意，你都要升入高级班了。高级班的爱是不求回报的爱，是充满理性的爱。仅仅给予就让你有足够的幸福。在这里你和爱的真谛更近。在生活中，曾经见过很多这样的爸爸妈妈。他们原本不曾想要孩子，有的是因为还没有享受够自己的青春岁月，有的是因为对孩子根本没有感觉。但是意外的怀孕让他们无可奈何地接受了将有孩子的现实。奇怪的是，当孩子呱呱坠地，他们整个人的情感和价值观都发生了情不自禁的巨大变化。他们突然对孩子变得很有爱心，甚至为了孩子可以放弃原来自己认为重要的一切。例如，一个每次出门前都要精心化妆的女士可以转眼变成一个不修边幅、眼里心里只有宝宝的少妇。这样的转变是进入爱的高级班的开始。

这样的转变虽然是一种进步，但不值得有太多的自夸。首先，这一切的变化不是我们靠自身的努力而获得的，这一切是因为我们的宝宝太可爱了，使我们本能地不得不去爱他们。其次，这样本能的爱若没有理性的加入不会持续很长。当你的宝宝不那么可爱的时候，你爱的本相就露出来了。在生活中，我常听到一些沮丧的妈妈这样说："恨不得没有将这个小孩子生下来！"她们的孩子这时往往才两三岁，因为开始不听话了，妈妈就受不了了。这样的抱怨虽然有情绪的因素，但也说明这些妈妈身上对孩子无私的爱已经开始淡化，恨却在渐渐蔓延。所以，孩子虽然把父母送到了爱的高级班，倘若父母自己无法用理性加固原始的爱，父母的爱仍然会回到中级班甚至初级班的状态。

回到中级班的父母虽然爱孩子，甚至为孩子可以牺牲自己的时间和爱好，但是这样的爱有一个前提，那就是孩子要听父母的话。中级班的父母只能享受可爱听话的孩子。他们的幸福时光不会超过两年，因为当孩子两岁的时候（甚至更早）就开始反抗了。以后在孩子的成长过程就演变为"统治者"和"被统治者"之间斗争的痛苦历史。其实让孩子事事都听你的，你就是想占有孩子。有一天，当孩子有独立的自我意识时，你非但不能欣赏，反而会因为孩子不让你占有而痛苦甚至去打击压抑孩子的自我意识。

在现实中甚至也有回到初级班的父母，他们养育孩子就是为了简单地享受孩子带给他们的快乐。他们只愿意享受孩子却不懂或不愿意承担教育的神圣职责。当孩子依恋于他们的时候，他们感到幸福无比。更有甚者，他们会过分地逗弄孩子来满足自己的快乐。

很多年前，我在上海的地铁上见到过这样的情形。在一个周末的下午，地铁里有这样一家四口坐在我的对面。爸爸、妈妈、外婆和一个四五岁的男孩。妈妈和外婆在不停地讨论购物的事情，爸爸就和孩子玩一种让我不能忍受的游戏。这位爸爸把手从孩子的后面绕过去打一下孩子的头，然后迅速把手缩回来，若无其事地看着车顶或孩子。被打的孩子怎么也找不到打他的那只手，但他心里清楚，这是爸爸在打他。而这个爸爸对自己发明的游戏非常陶醉，屡次得手还乐此不疲。结果儿子恼怒了，一个巴掌抽在爸爸的脸上，让三个大人在大庭广众之下面面相觑，难堪不已。

早在一千四百多年前，颜之推在《颜氏家训》里就这样告诫过我们："父子之严，不可以狎；骨肉之爱，不可以简。简则慈孝不接，狎则怠慢生焉。"地铁里的这位爸爸的行为就是颜之推所告诫的狎呢。用过分的轻慢来逗弄享受孩子。这个爸爸就是一个停留在初级班的爸爸。他把孩子当做自己的玩具，任意地玩弄享受。但愿儿子的这记耳光能让这位幼稚的爸爸明白这样一个道理：孩子是这个世界上最不能玩的玩具。

如果你对爱的理解还处于初级班或中级班，你就很容易在爱的时候毫无规矩，在恨的时候滥做规矩。这样，无论爱还是规矩都是缺乏理性的。这样的教育怎么会有好的结果呢？你一味凭着自己的情绪来教养孩子，孩子学会的岂不就是无理、任性吗？诚然，父母也是有血肉的人，面对孩子的不同状况时有爱有恨也是正常的。但问题是我们常常不能用理性来接纳这样的现实：孩子本来就是可爱和不可爱的组合。中国古人在《礼记》中告诉我们应该这样处理对孩子的爱和恨："爱而知其恶，憎而知其善。"教育孩子时尤其应该如此。无论孩子多么可爱，你都要清楚他也有恶的一面需要你去做规矩。无论孩子犯了多大的错误，你都要明白他毕竟还是孩子，反思他的错误中你有怎样的责任。理性是融合爱和规矩的唯一溶剂，理性是教育的中庸之道。

当孩子来到这个世界上，因着你对孩子那无法拒绝的爱，你要用理性把持自己的爱，不要让自己的爱重新回到初级班、中级班的状况。孩子是上帝送给父母学习爱的最好教科书。黑格尔说："通过对孩子的爱，母亲爱她的丈夫，父亲爱他的妻子，双方都在孩子身上使各自的爱得以客观化。"正是通过爱孩子，我们才领悟了爱的无私之本质，从而真正学会了爱。就凭这一点，我们也要谢谢我们的孩子。孩子的到来是为我们学习这门功课带来了一个神奇的机会。他们让我们触碰到了在我们内心深处的大爱，也让我们认识自己爱的有限。虚心补上爱的这门功课，为了孩子，也为了自己。

唯有爱和规矩的理性结合，才能产生理想的教育结果。著名的《颜氏家训》中有这样明确的教导："父母威严而有慈，则子女畏慎而生孝矣。"在中国的传统教育中，百善孝为先，只有父母能做到威严和慈爱的结合，才能让子女产生这百善之先。在我看来，用中国传统的阴阳太极图来解释规矩和爱的辩证关系是最为直观而确切的。

规矩和爱的太极图示

我曾试着用各种比喻来解释规矩和爱的对立统一关系,但总觉得词不达意。有一天,我看着太极图圆美的曲线,体会着阴阳两极流动的张力以及和谐的交融,心中豁然开朗。这正是规矩和爱的辩证关系最好的图解。

太极图

太极图是中国古人用阴阳两极对立而又统一的互动来解释世界万物的化生。宋儒周敦颐在《太极图说》中用阴阳两极"互为其根"来描述二者的相互依赖和一体性。规矩和爱之间的关系亦是如此：爱为规矩之根源，规矩为爱之保障。太极图不仅直观地图解了规矩和爱这种微妙而复杂的辩证关系，也帮助我们反思中国传统的严父慈母的家庭教育结构的合理性。

规矩和爱的融合性家庭教育的核心就是统一规矩和爱的关系。真正的爱是带有规矩的爱，而真正的规矩是体现爱的规矩。太极图非常清楚地诠释了这样的统一关系。若把规矩和爱当做阴阳二极，可以看到二者相互交融，浑然一体。这就意味着规矩和爱本质上是不可分割的。在太极图中，我们可以看到阴中有阳，阳中有阴。这就明确地表达了规矩和爱的融合：规矩中有爱，爱中有规矩。这是最理想的教育境界，也是我们努力的方向。规矩和爱无论哪方面出了问题都会影响到另一方面，也会影响到整个教育的效果。本书中有很多失败的案例都是规矩或爱走向偏颇的结果。相反，当我们能把规矩和爱在我们的教育艺术中很好地融合统一时，就到达了爱即规矩，规矩即爱的境界。表象上严厉的规矩，体现的却是大爱。表象上的大爱，本质上却是严厉的规矩。甚至在一般人眼中已不能简单区分这样的教育究竟是规矩还是爱。陶行知先生著名的四块糖的故事就是一个很好的例子。

一天，陶行知先生看到一位男生要用石头砸同学，将其制止，并让男生到校长室。等陶先生回到办公室，见男生已经在那儿等候了。陶先生掏出一块糖，给他："这是奖给你的，因为你比我先到办公室。"接着又掏出一块糖，"这也是奖给你的，我不让你打同学，你立刻住手了，说明你很尊重我。"男生将信将疑地接过糖果。陶先生又说："据我了解，你打同学是因为他欺负女生，说明你有正义感。"陶先生掏出第三块糖给他，这时学生哭了："校长，我错了，同学再不对，我也不能采取这样的方式。"陶先生拿出第四块糖："你已经认错，再奖励你一块，我糖发完了，谈话也该结束了。"

看上去，一团和气的陶校长的四块糖尽是爱的体现。但其结果是让学生自己承认那很不容易承认的错误："同学再不对，我也不能采取这样的方式。"这样的规矩不仅要求高而且难做。很多孩子往往因为看到别人不合理在先而无视自己的错误。可以想象这位同学刚到校长办公室时一定有很多委屈，想着怎样为自己申辩。但是陶先生却用爱的方式让这位同学一下子自己领悟到了那深处的规矩。这个严厉的规矩教育是在爱的包容中实现。我相信这位同学一辈子都不会忘记这个爱的规矩。能将爱和规矩做到如此统一，陶先生真不愧为当代的教育艺术大师。

在太极图中，阴阳两部分虽然你中有我，我中有你，但是其相互对立也是一目了然。这样的对立关系在规矩和爱的体系中又是怎样体现的呢？有人认为规矩和爱是永远对立的，给孩子做规矩一定会伤害到孩子与父母之间的爱。持这个观点的最有代表性的人物就是孟子。大家都知道孟子是第一个提出性本善的中国古代哲学家。所以他强调的是爱。但是孟子从来没有忽略过规矩。"不以规矩，不能成方圆"这老话最初就是出自孟子之口。在《孟子·离娄上》有这样的内容。"孟子曰：'离娄之明，公输子之巧，不以规矩，不能成方圆；师旷之聪，不以六律，不能正五音；尧舜之道，不以仁政，不能平治天下。'"翻译过来就是说"即使有离娄那样好的视力，公输子那样好的技巧，如果不用圆规和曲尺，也不能准确地画出方形和圆形；即使有师旷那样好的审音力，如果不用六律，也不能校正五音；即使有尧舜的学说，如果不实施仁政，也不能治理好天下。所以孟子认为规矩是画出方圆和行出仁爱的手段和保障。但是论到家庭中父亲给孩子做规矩时，孟子则认为规矩会损害父子之间的爱，甚至提出最好两个家庭易子而教。"

《孟子·离娄上》写道：

公孙丑曰："君子之不教子，何也？"孟子曰："势不行也。教者必以正。以正不行，继之以怒。继之以怒，则反夷矣。夫子教我以正，夫子未出于正也,则是父子相夷也;父子相夷,则恶矣。古者易子而教之。父子间不责善。责善则离,离则不详莫大焉。"

翻译成现代文的大意是:

公孙丑说:"君子不亲自教自己的子女,为什么?"孟子说:"从情势上来说因为行不通。教育人的人当然是要用正道教育;用正道教育子女而子女不能落实,就会引起父亲的愤怒;引起愤怒之后,就会造成父子之间的相互伤害。(孩子说)'夫子拿正道来教导我,夫子自己并没有完全符合正道。'这就会造成父子之间的相互伤害。这样父子之间相互伤害,也就使父子之间关系不好了。古代的时候是换别人来教育子女,父子之间不因为善不善而互相责备,一旦以善不善而相互责备就会造成心情背离,一旦造成心情背离,没有比这种不详更大的。"

孟子在这里提出了规矩损害爱的两个重要原因。首先,由于孩子的行为达不到规矩的要求,父亲就会因为愤怒而伤害父子之间的爱。其次,由于孩子指责父亲自己所行不正,这样的责备让父子的彼此情感受伤。仔细分析孟子所讲的这两种情况,我认为并非因为规矩而是父亲自身的不足损害了爱。首先,父亲的愤怒是因为缺乏忍耐,本身就是爱的不足。其次当父亲因为自己行为的过失而失去了做规矩的权威和力量时,积极的方法是父亲应该因着对孩子的爱来改善行为,而不是像孟子所提倡的那样用简单的易子而教来掩盖父亲自身的不足。

我不否认在特定的情况下,适当的易子而教可以是一种补充的家庭教育方式。例如,在美国很多家庭都会给孩子找一个教父或者亦师亦友的长辈(英文叫 mentor)。但是孟子所谓的易子而教显然比这样的情况走得更远,是把双方的孩子送到对方的家庭里生活接受规矩。之所以要这样做,是因为在孟子看来规矩和爱之间存在着永远无法调和的对立关系。而最好的方法就是用易子而教来回避和割裂规矩和爱的关系。

我认为这样的观点混淆了规矩和爱暂时的对立和长远的统一。在教育孩子的短暂过程中，规矩和爱确实存在着暂时的对立和分离。但是这种对立是暂时的，从长远来看，规矩未必一定损害父母对子女的爱。确实，做规矩时我们很难让孩子直接感受到父母的爱，但不意味着永远不能感受到父母的爱。特别在传统的中国家庭教育中，很多子女都是长大后才开始体会到父母的爱。所以，从长远来看，这种规矩之后的爱不仅不会让子女疏远父母，反而可以让子女更加感恩父母的用心良苦。当然，要实现规矩和爱长远的统一，需要我们平时有爱的积累。就像一个银行账户里面储存的是爱，每次做规矩都会暂时用掉一点爱。如果没有平时爱的积蓄，每次规矩都是透支，时间长了会彻底坏账。相反，平时有爱的积累，每次做规矩虽然会支出一些爱的现款，但不至于坏账。从长远来看，做规矩是一种爱的投资，它有爱的回报。如果我们能量入为出地使用爱的储蓄，不仅不会失去爱，还能在将来产生更大的爱存入人生的账户。

规矩和爱对立图

太极图还能帮助我们理解中国传统家庭教育中严父慈母的基本结构。如果简单地把父母的教育角色分割成对立的规矩和爱的功能（如规矩和爱对立图所示），父母之间会常常发生争执，产生矛盾。这样的家庭中往往是严父有规矩缺乏爱，慈母只爱不做规矩。这样规矩和爱的分离无论对做规矩还是爱孩子都会产生困难。正如陶行知先生总结的那样："父亲往往失之过严，母亲往往失之过宽。父母所用的方法是不一致的。虽然有时相辅相成，但流弊未免太大。因为父母所示方法之宽严不同，子女竟至无所适从，不能了解事理之当然。并且方法过严，易失子女之爱心；过宽则易失子女之敬意。这都是父母主张不一致的弊病。"

而在太极图中，父严和母慈之间的关系就不是一条泾渭分明的直线，而是用柔和的曲线来相互融合。如果黑色代表父严，白色代表母慈。在太极图中黑色的父严中有一点白色。这个白点可以理解为严父的爱，这种在规矩背景中突兀的爱体现的是一种很高的教育境界。《大学》中有这样一句话："为人父，止于慈。"意思是作为一个父亲，最高的境界就是慈爱。这是对太极图中的严父之爱的最好诠释。太极图中白色的母慈中也有一个相应的黑点，这一点可以理解为慈母之严。中国历史上两位最伟大的母亲都明确地为我们昭示了这个道理。无论孟母或岳母，她们为世人所尊崇的不是一般的母性的慈爱，而正是她们母爱中体现的理性和严格。所以这两位伟大母亲的也在告示世人：为人母，止于严。

规矩和爱的辩证关系不仅在中国传统的太极图中得到诠释，在现代的西方教育研究中也同样得到了论证。下面我就用一个影响深远的理论模式详述为人父母中规矩和爱的关系。

错误的父母教养方式之一：溺爱型

在近代的家庭教养理论中，影响最大的要数鲍姆林德（Diana Baumrind）的父母教养方式理论。鲍姆林德是美国加州大学伯克利分校的发展心理学教授，她在 20 世纪 60 年代研究了 100 多个家庭，发现不同的父母教养方式主要的差别就在于爱和规矩这两个维度上。她用了比较专业的词汇：满足需要（responsiveness）和坚持要求（demandingness）来代表爱和规矩。根据爱和规矩这两个维度上的强弱结合，可以勾画出四种父母教养方式。

鲍姆林德的四种父母教养方式

类 型	高度规矩	缺乏规矩
高度满足	严格型（authoritative）	溺爱型（permissive）
缺乏满足	严厉型（authoritarian）	忽略型（neglecting）

毫无疑问，我们都会同意鲍姆林德的观点，那就是高度满足和高度规矩相结合的严格型是最理想的父母教养方式。本书的一个重要目的就是探讨在中国文化语境中的严格型模式。但是，我们不得不承认中国传统的家庭中占多数的却是严厉型。关于严厉型教育的利弊我将在第四章结合我自己的成长经历展开论述。在近 30 年中，由于独生子女政策和

农村人口流动等社会形态的变化，中国的溺爱型和忽略型的家庭越来越多。下面我们就来仔细探讨这两种类型的家庭会培养出怎样的孩子。

现今的中国由于独生子女的政策，溺爱型的父母越来越多。无论家境富裕或贫困，都用溺爱的方式来教养孩子。所谓的"四二一综合征"是指四个老人、一对父母都把爱倾注在一个独生子女身上。六双手捧着都怕掉了，六张嘴含着都怕化了。这样的溺爱往往最终只能教育出一个让人伤心透顶的不孝之子。可怕的是无论家境是贫还是富，中国的很多父母都喜欢用溺爱来培养孩子。

先说说富裕的家庭。近20年，中国的有钱人越来越多。不少商业成功者自己都有一个值得骄傲的拼搏经历，从社会的底层靠努力创出一片天地。有过这样人生体验的人原本应该在教育自己孩子的时候更加严格要求。可惜的是不少人由于缺乏理性的反思，会对自己所经历的磨难"不堪回首"，在教育自己孩子的时候来一个180度的转弯：我受了那么多的苦，就是不让我的孩子再受苦。对孩子总是没有原则地满足。孩子还小的时候，他总是快乐地接受你的溺爱。但是这种没有规矩的爱，它会让孩子慢慢习惯于这样容易的得到。这些孩子非但不感恩，而且欲望也随长大而增加。直到有一天，你无法为他埋单。这样的悲剧在现代中国可真不少啊。

在我浙江老家，有一位远亲是一个小企业的老板。他对儿子百依百顺。结果这个儿子不好好念书，早早离开校园，混迹社会。不久就学会了赌博。一开始父亲也没有太在意，慢慢地儿子开始在外面借高利贷赌博，最后债台高筑，儿子一逃了之。跑了和尚跑不了庙，有一天，债主拿着一张200万元的欠条找到了父亲。无奈之下，这位爱子心切的父亲把自己的小企业变卖了，还拿出了所有的存款凑足了200万元还了赌债。当债主走后，这位坚信破财消灾的慈父马上打电话给在外面躲债的儿子，让他不必再害怕，回来好好重新做人。第二天一早就有人敲门，满心期待浪子回头的父亲忙冲过去开门,谁知来者不是儿子,还是昨天的那位高利贷债主,正当这位父亲纳闷的时候,债主又掏出另一张儿子签名的借条,一共还有300多万元。不知为何,这位父亲此时突然变得非常平静,告诉债主自己还需要时间筹钱。等债主走了以后,父亲和儿子通了电话,证实了借款。父亲放下电话,就在大厅里悬梁自尽。那位不孝之子得知父亲自尽的消息后,也只能在一个晚上偷偷回家看了父亲一眼,就连夜逃走躲债去了。这个儿子纵然还活在世界上,哪还有幸福可言。然而这个悲剧的最初原因就是父亲早期的溺爱。溺爱不仅害了孩子,也断送了自己。

这位可怜的企业老板最多算是小富之人。有些父母不仅有钱而且有权有势,这样的父母在教育子女时会面临更大的挑战,需要有更大的智慧来应对。目前中国有钱有势的父母不少,但有这样智慧的父母却不多。于是,在中国官二代、富二代都是贬义词。这些父母往往对孩子溺爱和放纵,孩子也仗着父母的权势放纵骄逸。很多年轻人只恨自己没有一个有权有势的爸爸:学好数理化,不如有个好爸爸。仿佛整个社会一下子进入了拼爹的时代。更有甚者,亲爹不行,还要想方设法去拼一个干爹。有一个权重财富的爸爸一定是件好事情吗?现实中,我们看到的却是一幕又一幕从拼爹到坑爹的悲剧。

在中国有一个可拼的爹之所以如此重要,是因为还处于一个靠关系而不是靠制度的社会。和我们关系最亲的当然是自己的父母,不拼爹还拼谁呢?可是,现实中拼爹的结果往往是坑爹。养不教,父之过。且不要多怪这些孩子们,要怪就怪那些不懂教育道理却手握特权的爹们,是他们先坑了孩子,然后又让孩子坑了自己。

当然父母也都是人,难免有恻隐之心。但是不能用恻隐之心来左右规矩。特别是手握特权的父母更要有教育的理性。而理性的一个重要表现就是有敬畏之心。如果没有这样的敬畏之心,就必然会用钱财和特权来溺爱孩子，其结果可想而知。所谓"畏则不敢肆而德以成，无畏则从其所欲而及于祸"就是这个道理。所以手握特权的父母要意识到自己教育子女比一般人更不容易，更需要智慧。现在中国有这样意识的父母实在太少了。在这一点上，我不得不提及前总理朱镕基。他在对子女和亲属的严格要求上是很值得今天的很多官员学习。朱镕基到上海当市长时，当着他堂哥朱经冶的面，对时任上海纺织局党委副书记的侄子朱匡宇说："匡宇，我在上海一天，你就不要想升官。"朱镕基在上海的四年里，朱匡宇真的做了四年的上海纺织局党委副书记。所以有时候父母有特权，子女更要比一般人低调，有时为了避嫌甚至要主动规避一些机会。父母先敬畏权力，孩子才遵守规矩。

但是，手握特权的父母要做到敬畏权力，严格要求孩子是何其难的一件事情。父母的特权往往是一颗定时炸弹，稍不小心，就会面临灾难。有时候父母突然失权失势，反而会因为失去这一教育的隐患而成为一件好事。我有一个颇有能力的同学，30几岁就当上了一个市的教委主任。虽然自己是搞教育工作的，但却对儿子相当纵容。有一天中午，还在读小学的儿子发现学校食堂的午餐不可口，转身就跑到校长办公室，指着校长的鼻子大发脾气，那位校长也实在没有骨气，竟忙叫厨房去菜场买了海鲜特制了几个菜。一个小学生对校长尚且如此，在同学和老师们面前会如何跋扈，我简直不能想象。时隔不久，我的同学因经济问题获刑两年。顿时爹的这座大山轰然倒塌。没想到他儿子却因此明白了人间世态炎凉，彻底改变了为人的态度。不仅夹着尾巴做人，而且懂得了奋发努力。我同学怎么也想不到自己的牢狱之灾一不小心成就了他儿子的人生前途。这样戏剧（或悲剧）性的事情真可谓是现代版的"塞翁失马，焉知非福"。

我在网上看了一些关于李双江的儿子李天一和张国立的儿子张默的情况，我觉得这两个孩子在很多方面都是很有才气的。例如李天一的书法、运动、唱歌都不错,张默也有不错的演技。但是缺乏了对规矩的敬畏,那些所谓的才气只是增加了他们的傲气和霸气。今天拼爹,明天坑爹也就成为必然。

其实中国古代有很多有远见的达官贵人都认识到这样的家庭对孩子的严格要求尤为重要,并且以身作则,为后人做出了很好的榜样。其中最有名的要数清朝的曾国藩。曾国藩是清朝历史上最有权势者之一。他组织湘军打败太平军,救大清王朝于危机之中,最后他位列三公,拜相封侯,可谓显赫一时。然而他对子女严格要求,毫不溺爱。在曾国藩看来,要教育孩子立足社会,并让这个家庭能够一代一代地延续下去,关键就是两个字:勤与俭。他要求孩子们一生铭记十六个字——家俭则兴,人勤则健,能勤能俭,永不贫贱!

看看现在的富二代、官二代的教育,再想想150多年前的曾国藩的家教,我不禁感叹:虽然日新月异,时代变换,但是家教的根本——规矩和爱,是亘古不变的。所以我在这里要特别告诫有钱有权的父母。

不管你多有财富,请记住:再富不要富孩子。

不管你多有权贵,请记住:再贵不要贵子女。

溺爱不只是富贵家庭的特有现象

值得提醒的是，溺爱不只是富贵家庭的特有现象。贫困的家庭，即使物质条件有限，也照样溺爱孩子。最典型的是电影《包氏父子》中的故事。电影讲述的是20世纪30年代在江浙水乡一个大户人家的老仆人——老包和他的儿子——包国维之间的生活片断：包国维5岁时死了娘，老包恳求东家把他留了下来赏口饭吃。好心的东家不但留下了包氏父子，还让小包上学读书来改变家庭的命运。遇到这样的机会，包国维理应发愤图强，但已经上到初三的他根本不争气，整天和同班的富家少爷们厮混导致留级。可是老包仍一味地溺爱孩子，对他充满了期待。最后小包因调戏女生事发被学校开除，老包的希望也随之彻底破灭。

这部电影是我20多年前看的，但是电影中淋漓的对比还是真切地显现在我眼前。一方面是老包的贫困和窘迫：每月只挣7块人洋，一件棉袍穿了15年还舍不得换，面对高昂的学费和书本费、制服费，老包厚着脸皮到处借钱。另一方面是小包的不学无术和爱慕虚荣：看着情色书刊伪装学习、伙同郭少爷调戏女生、向老包要高档头油，等等。很多人对小包这样的不孝行为极为愤怒，而对老包充满同情。而我的反应却正好相反：对小包颇有同情，对老包非常愤怒。道理很简单：明明是父母端上了这碗甜甜的毒药，为什么还要怪一口喝下去的孩子呢？

不要以为小包只是张天翼笔下20世纪30年代的一个人物，在现代中国像包氏父子的悲剧仍在一幕一幕地上演。这些年我几次回到中国，都住在同一个朋友家，时间长了，不仅朋友的孩子喜欢和我玩，连那位勤劳朴实的保姆阿姨也愿意和我聊。有一天，阿姨和我讲起了她的儿子，一开口竟泪流满面。原来这个儿子由于缺乏管教，竟然借了高利贷去赌博。欠下30多万元的赌债后，只能到处躲债。他的妈妈知道后因爱子心切，把十几年做保姆的辛苦积蓄全部拿出来为儿子还清了赌债。我听了不胜欷歔。这位阿姨的故事的结果还不算差，最后她的儿子为母亲的爱所感动，彻底重新做人。但不是所有的人都有这样的幸运能有回头的机会。

同样生活艰难，在美国的华人第一代移民他们教育子女的方法值得我们借鉴。第一代的华裔到了美国都生活在社会的底层。他们确信教育是改变自己孩子命运的唯一途径。他们一方面省吃俭用培养孩子，另一方面用中国传统的严厉要求孩子像自己一样努力。结果第二代的华裔中很多人就出类拔萃。根据哈佛大学与纽约市立大学做的一项10年研究，华裔第二代子女快速进入主流社会，教育程度和收入都比他们的父母好得多，甚至比土生土长的同龄美国白人还要好。一个典型的例子是著名花样滑冰选手关颖珊和他严厉的父亲。每天早上5点，父亲准时把两个女儿从熟睡中叫醒，开始晨练。3个小时以后，父女三人大汗淋漓地回家收拾一下。父亲随即去中餐馆上班，姐妹俩（关颖珊和她的姐姐）则去上学。这样的日子维持了三四年。在成为世界冠军后，关颖珊回忆父母对自己的教育时，记得最清楚的一句训言就是中国传统的老话：吃得苦中苦，方为人上人。

这样看来，溺爱和家庭的贫富关系不大。这是父母的教育理念。

错误的父母教养方式之二：忽略型

当今中国社会忽略型的父母人数在急剧增加。最普遍的是大量的民工离开家乡进入城市工作，在家乡留守的孩子，根据2010年5月31日中央电视台新闻特别关注报道说有8300万，而且每年有递增的趋势。这些孩子由于既缺乏规矩又缺乏爱，他们的心理不能健康发展，出现厌世自闭、社会逆反、空虚、自卑、胆怯、没有精神寄托等现象。最重要的是由于没有被爱，他们就不知道什么是爱，更不知道什么是敬畏。最后对自己和别人的生命都表现出极端的不尊重。看看下面的案例，你或许根本不相信是现实中的事情。

2007年4月21日晚，自贡市富顺县彭庙镇一七旬老婆婆被人杀死在家中，凶手竟是被害人年仅13岁的姨孙小淘（化名）。犯罪动机简单而令人费解：为了拿到上网的钱。作案后，小淘从容走出姨婆家门，把凶器丢在姨婆家门前，在水田里洗去手上的血迹，再返回网吧继续上网。23日是星期天，小淘又去祝贺一朋友的生日，下午2时许便被追踪而至的公安人员抓获归案。更让人毛骨悚然的是，前一年小淘因拿不到上网的钱还掐死了自己的亲奶奶。

长期没有爱和规矩，才13岁的孩子就可以成为杀人恶魔。但孩子是可怜的，他们从小在爱和规矩的荒漠中长大，连对生命（自己的和别人的）最基本的尊重都没有。这样的孩子不仅可悲而且可怕。不仅仅是这些家庭，我们全社会都在为这样的畸形灵魂埋单。

有一次，我在一个南方的城市做完讲座，有很多父母围着我问各种问题，问答至少进行了半个小时，我看见有一位爸爸在一旁笔直地站着。当别的父母散去后，这位爸爸才走了过来。当时我自己很累，但被这位爸爸的耐心所感动，就问他："你有什么要跟我说吗？"这位父亲点了点头说："我对自己孩子的教育确实有很多的问题，但是，王博士，今天我想和您说的不是我自己教育孩子的问题。"听他这么说，我就放下手上的电脑说："你慢慢说。""我是一名刑警，最近几年我们破了很多恶性案件，每次破了大案，我们全队都要庆祝一下。但是，我每次都会非常难受。因为很多作案的都还是孩子，他们会因为一个很小，甚至莫名其妙的原因去犯重罪。很多孩子就是因为从小没有父母在身边。因为我自己也做爸爸了，看到那些犯罪的孩子有说不出的痛心。所以今天我等了这么长时间，我就想对您说这样一句话：有机会请您多办几所父母学校，这样我们的社会就会少几所监狱。"

两年多时间过去了，这位刑警爸爸的话一直在我耳边回响。正在我改写这一章的书稿时，在网上又看到一则令人发指的案件。

20岁的搬运工马金库被指控因不满老板娘尹女士让他帮忙照看孩子，持斧子将她及其2岁儿子砍死。更让人震惊的是，马金库在庭审现场满不在乎，甚至面带笑容。他称早已轻生，只求法院速判他死刑。果然在最后陈述时，他说："我希望法官能尽快判决本人死刑立即执行，谢谢！"并向法官鞠躬。

马金库幼年父母离异，跟随父亲生活。4岁时父亲因杀人被判死刑。从此他的人生中既没有管教更缺乏爱。一个生命在成长过程中既没有爱，又没有规矩，是多么可怜，又多么可怕。不知道为什么，耳边会响起20多年前风靡中国内地的一首歌《爱的奉献》。"如果人人都献出一点爱，世界将变成美好的人间。"如果马金库在成长过程中得到一点爱，他至少还会珍惜自己的生命。如果珍惜自己的生命，就会慢慢学会去尊重别人的生命。但现实是破碎的家庭越来越多，社会越来越冷漠。这种在既没有爱又没有规矩中长大的孩子，在中国越来越多。

目前在中国，除了背井离乡的民工家庭和像马金库这样失去父母的家庭，还存在着另一种忽略型的家庭。那些家庭父母都在身边，但却因为忙于工作而忽略对孩子的教育。这样的家庭中，照顾和教育孩子的责任主要由老人或者保姆来承担。特别是一些爸爸，总能找到理由去外面应酬而不顾及家庭中年幼的孩子。在上海我就遇到过这样一位父亲，名校毕业后一直努力拼搏，这些年凭着自己的实力和机遇积累了应有的财富，也跻身成为令人羡慕的成功的金融行业高级管理者。但是这几年几乎每天都要在外面应酬，即使是周末也是排满了他圈子里的沙龙聚会，或是麻将交流。这位父亲的说法就是：我挣钱就是对家庭和孩子最大的贡献和责任。女儿刚上小学内向乖戾、脾气暴躁，问她对爸爸的感觉："爸爸不爱我，也不陪我玩，他就知道出差和出去吃饭、打牌，我长大后找丈夫一定不找出差和打牌的。"

诚然，挣钱为家庭是一个父亲的重要职责，自己事业的成功也能体现我们自身的价值。甚至这样的成功也能为孩子树立一个敬业的榜样。但是这位爸爸没有搞清楚这一切并不是最重要的。苏联教育家苏霍姆林斯基有这样一句话："无论您在生产岗位上的责任多么重大，无论您的工作多么复杂、多么富于创造性，您都要记住，在您家里，还有更重要、更复杂、更细致的工作在等着您，这就是教育孩子。"

或许以位父亲会说我的精力有限，竞争那么激烈，挣钱都那么累了，哪还有时间去陪孩子？这是一个借口，一个十足的借口。设想一下，你此时还是单身，正在追求一位自己心仪的女孩。你会因为工作忙而找不到时间去约会吗？你不见很多的小恋人即使出差在外，也会电话

057

不断，即使不方便打电话，也会在深更半夜工作完成后发一个思念的短信。

　　反过来，即便你的工作真的很繁忙，这也不应该成为你忽略孩子的借口。相反，正是因为你的时间有限，你就更应该好好学习如何和孩子交流。把有限的交流时间用得更有效率。这里，我不得不再次提到曾国藩。他的儿子曾纪泽后来回忆说，小时候从来没有觉得父亲在外面做事没有陪伴自己的感觉。要知道曾国藩一辈子不是在外为官就是戎马倥偬，很少在家。他是怎么能让孩子觉得自己在陪伴他呢？原来曾国藩不管公事战事如何复杂紧迫，稍有空闲便提笔给孩子们写信（详见《曾国藩家书》）。见信如见人，孩子们总能感受到父亲的关心和教育。所以，对孩子的陪伴更重要的是一种心灵的陪伴。你的工作再忙不会比曾国藩更忙吧？你的工作再重要，不会比曾国藩的工作更重要吧？曾国藩既没有互联网，也没有手机，只能靠写信。那你还有什么借口呢？一句话：你的心在哪里，你的时间也在哪里。

家庭教育，爸爸不可或缺

有些爸爸在认识上有一个误区，认为孩子小的时候，只要有妈妈陪伴就可以了。确实，刚生下来的婴儿和母亲有着特别的连接，他们不仅能辨别母亲的脸，还能辨别母亲的声音。过了几个月，如果把母亲的声音配上一张陌生人的脸孩子就会啼哭。孩子和母亲之间存在自然的连接。加上出生后的哺乳，孩子和母亲的连接就更加特别。对儿童早期的依恋研究大都也是关注孩子和母亲的依恋。但是随着最近十几年研究的深入，越来越多的研究开始关注父亲的作用。从 2003 年开始，一本专门研究父亲作用的专业杂志诞生了：《做父亲：为人父的理论，研究及实践》（Fathering: A Journal of Theory, Research, Practice about Men as Fathers）。

虽然研究结果不尽一致，但是有几点发现是值得我们思考的。首先，父亲的作用是独特的、不可替代的。我们做父亲的不要认为孩子还小，对妈妈的依恋更加重要，就把教育都让妈妈来承担。相反，妈妈也不要过分地去承担对孩子的教育，而是要想方设法帮助父亲介入。与此相关的一点发现是到了青少年时期，父亲的作用更加重要。我们都知道无论男孩女孩，到了十几岁（现在的新一代有提前的趋势）都有一个反叛期。很多孩子反叛的对象就是以前自己最依恋的母亲。在一些研究中发现，无论男孩女孩，到了一定年龄对爱的需要会发生改变。到了青春期，孩子都会追求一种有力量、有权威的爱，这种爱对父亲来说比较自然。母亲的爱往往和这种需要相反，在这个年龄孩子的眼里母亲的爱往往是柔弱的甚至是过分关心。如果孩子没有在家庭里找到那种有力量、有权威的爱，他们会在社会上找。很多年前我读到一个报告，说是到了青少年，他们的社会行为出问题和很多因素相关，其中和父亲关系的相关系数大大高于和母亲关系的相关系数。在一些个案研究中也进一步发现，无论男孩女孩，如果在家庭得不到父亲般的爱，就会在一些帮派的互相帮助中找到替代和满足。女孩如果有一个成熟一点的男性对她关心一点，马上就在心里产生不能抵抗的诱惑。

很多父亲在孩子到了青少年的时候开始意识到妈妈不行了，自己一定要挺身而出。但是如果在孩子成长的过程中没有树立父亲的威信，建立起和孩子良好的沟通渠道，到了那个时候你想站出来，孩子也不买你的账。我给你讲一件真实的事情。

有一位很自负的父亲（读书时是名牌大学的高才生），平时都在外面忙，很少关心儿子，有一天听太太说孩子在外面有偷窃行为，既羞愧又愤怒。下了决心要好好教育孩子。等孩子回到家，这位父亲很严厉地说要和孩子谈谈，没想到儿子根本不理他，径直走进自己的房间。父亲怒不可遏，冲进儿子的房间，看见太太也要跟进来，还把门给反锁了。可怜的女人只能一面痛哭一面拍门，紧接着就听到里面一阵鸡飞狗跳，自己一生最爱的两个男人在里面厮打和怒吼。一会儿，里面吵闹声平静了，门一打开，走出来的是儿子，躺在地上的却是父亲。

所以做爸爸不要以为自己任何时候都有做规矩的权威很能力。不要等到妈妈不行了再站出来教育孩子。相反，要趁孩子还小，把孩子放进你的日程表，用心陪伴孩子教育孩子，从中建立爱的连接和做规矩的权威。只有这样你才能真正站出来。无论何时，孩子需要妈妈，孩子也需要爸爸，你的爱是独特的，你的管教职责也是不可推卸的。

现在城市中，富裕家庭还有一种比较独特的忽略孩子的现象，那就是把孩子全托。首先需要声明的是我反对的不是全托这种体制，而是父母把全托作为推卸责任的手段。其实，高质量的全托在有些方面对孩子的发展还是有独特的作用。例如，我在广州对244名幼儿园的全托和非全托学生做了对比研究。结果发现，在所有的行为指标上，全托的孩子都不比非全托的差。在注意集中和攻击性行为上，全托孩子甚至超过非全托孩子。2007年，我又在上海的两所全托幼儿园做了日夜的实地现场研究，发现高质量的全托可以提供很多有利于独生子女发展的机会源。例如，全托孩子的睡眠普遍很好，和同伴之间的话语机会在眼睛一睁开就开始，孩子会更主动去寻找各种资源等。在我的家长调查中，有不少父母也看到了全托可能带来的好处，但是他们的出发点却是把教育的责任推卸给幼儿园。这样，孩子就会感到自己被父母抛弃，心里产生阴影。

这些年在教授的儿童心理学课程中，我把张以庆导演拍摄的纪录片《幼儿园》当做一个作业，要求美国学生看完整个纪录片，用文化的角度讨论不同的教育理念。结果很多学生对其中的一个情节百思不解。影片中记者问一个孩子："你爸爸妈妈为什么把你送去全托？"孩子回答说："因为爸爸妈妈没有时间。"记者接着问："他们在忙什么呢？"孩子说："妈妈忙着做美容，爸爸是做房地产的，忙着请别人吃饭。"不少美国学生在作业里写道：这样的情况实在让人心痛（This is really painful）。

在现实中，这样的父母真不少，特别是年轻的父母自己还没有玩够。也不能说他们一点都不爱孩子。因为每到周末，我看到不少把孩子全托的父母是带着一种内疚感把孩子接回家的。但是这种内疚会带来教育上更大的灾难。在周末的两天里又去拼命巴结孩子，把幼儿园一个星期的训练结果完全糟蹋了。整个教育既缺乏规矩又缺乏爱。每当孩子星期一回到幼儿园时又要经历痛苦的适应过程。在研究全托的过程中，很多全托的老师对我抱怨说：5+2=0。五天幼儿园的规矩敌不过周末两天的放任。有的时候甚至是负数。

第三章

每个父母的必修课：反思自己的受教育模式

反思让我更加理解父母

谈不上宽容父母，

但确实能释放自己，甚至提升自己

伤害孩子最深的是父母做规矩时的情绪

这样的情绪不仅不能达到效果，甚至适得其反

父亲的威严是规矩的前提，

但是为人父要止于慈

做规矩需要有严父慈母的搭配

知为人子，然后可以为人父

现代教育研究发现，尽管父母的教养行为受很多环境因素的影响（如文化、历史、社会等），但最重要的影响却是父母自己小时候经历的家教模式。我们如何为人父母在很大程度上是受自己的父母如何教育我们的影响。父母如何教养我们是我们一生中最直接、最长久、最全面的父母学课程。对很多人来说也往往是唯一的父母学课程。这样，这个原始的父母学课程内容质量如何便会直接影响我们自己对下一代的教育。例如在严厉型家庭长大的孩子，自己当父母时也往往以严厉型为主。因为他们对这样的教养方式最熟悉，遇到类似的情景，这个熟悉的模式是第一反应，往往也是最得心应手的方式。

如果是这样，我们父母的教育问题就不可避免地复制到我们对孩子的教育上了？我们是否就不可能走出原有模式呢？如果可能，我们又要做怎样的努力呢？

泰勒·本·沙哈尔博士在他著名的哈佛幸福课里面曾讲过这样一个例子。有一个社会学家为了研究父母对子女的影响究竟是先天遗传决定的还是后天环境改变的，收集了很多同卵双生子的家庭资料。因为同卵双生子具有一样的遗传基因，他们的行为变化可以帮助我们了解遗传和后天环境的不同影响。在他的研究样本中有一对双胞胎兄弟是研究者自己小时候的街坊。很不幸，因为这对双胞胎兄弟有一个酗酒暴虐的父亲，所以童年备受父亲的虐待，留下很多心理创伤。长大后他们去了两个不同的城市工作，而且都成立了各自的家庭。这位研究者联系上了小时候的同伴，然后先去拜访了哥哥。一进哥哥的家门，研究者首先看到的是凌乱的房间，到处都是酒瓶，两个孩子怯生生地望着来访者。当研究者问小时候的同伴为什么会走到这样的光景，这位哥哥开口说："伙计，你知道我是从一个怎样的家庭出来的，你也知道我有一个怎样的爸爸。你还能让我怎么样？"过了几天，这位研究者又去了另一个城市去采访弟弟。一进家门看到的完全是另一种景象：整洁的环境、和睦的夫妻关系和可爱的孩子。平安幸福洋溢在每个人的脸上。这位研究者简直不敢相信自己的眼睛。

为了研究的客观、准确，他之后还几次去采访弟弟这个家庭，最后，终于相信这一切不是他们装出来给自己看的。当研究者问这位小时候的同伴为什么会这样生活时，没想到他的回答和哥哥的一模一样："伙计，你知道我是从一个怎样的家庭出来的，你也知道我有一个怎样的爸爸。你还能让我怎么样？"这对双胞胎兄弟有同样的遗传基因、同样粗暴的父亲和不幸的童年，面对这一切，甚至也都有同样的问题：有了这样的经历，你还能让我怎么样？甚至，他们的回答字面上也一样。但是他们对自己经历所作出的回应是决然不同的。哥哥被早期的痛苦牢牢控制，由于缺乏理性的反思，他唯一的选择就是被动地复制父亲的模式：我也只能这样了。而弟弟却是在理性而痛苦的反思后作出了完全相反的选择：我再也不能这样了。

自己真诚而理性的反思是走出原有家教模式桎梏的唯一途径。

这位弟弟的积极反应让我们看见对自己成长经历中所受的家庭教育我们仍有主动回应和改变的能力。中国的《礼记》中有这样的一句话"知为人子，然后可以为人父。"关键在第一个字"知"。这个"知"是

065

用理性去认知去理解的意思。有时候我们把过去熟知的经验理所当然地接受下来，而没有对其过程的合理性进行分析理解并提出独到的见解，这种现象黑格尔称为"熟知并非真知"。所以只有客观理性的"真知"才能有后面积极正确的"为"。因为我们很多人对"为人子"只停留在感性的熟知上，并没有用理性去"真知"。这样我们在"为人父"时难免会被动地复制父母的教养方式。我们必须对自己的经历（无论好坏）作出选择。要么用理性的反思跳出痛苦经历的桎梏，成为自己历史的主人。要么拒绝反思愿做自己经历的奴隶。需要指出的是，我这里所指的反思不仅仅是对一些父母教育错误或不足的分析，也包括对父母好的教育行为的理解和学习。

当然我们所要做的理性反思往往比前面提到的那对双胞胎复杂得多，因为父母对自己的教育行为不是那么简单地用好与不好，对与不对来划分判断。这就要求我们有能力把一种教养行为中的好与不好理性地剥离出来。无论是被动地复制还是简单地否定都不是理性的反思，都无法真正走出原来模式的控制。

举一个常见的例子。很多父母对小时候挨打的经历都记忆犹新。有的认为父母这样的管教是理所当然的，自己做了父母也简单复制这样的粗暴教育方式。但也有的父母完全不一样：自己小时候挨打的经历实在太痛苦了，所以自己有了孩子就坚决不能打孩子。确实，不少这样的家长做到了这一点。但是由于缺乏理性的反思，虽然远离了粗暴，也丢掉了规矩。除了粗暴的肉体惩罚，在他们的经验中根本没有其他做规矩的方法，其结果是简单地用极端的溺爱型替代了极端的严厉型。从某种角度来说，这种从一个极端走向另一个极端的父母和简单复制粗暴惩罚的父母没有本质的差别，因为缺乏理性的反思，都没法真正地从过去的模式中走出来。所以表面的方式改变不一定是理性反思的结果。

弗洛伊德的理论受到很多质疑，但是有一点是被越来越多的人接受。那就是一个人早期生活的经历对以后的行为有着很深远的影响。有些经历被压在了潜意识的层面里。在潜意识层面里，这些经历虽然不为我们所知，却常常控制着我们。所以，对自己所受的家庭教育做一个客观理性的反思，不仅可以更好地教育自己的孩子，也是为了更好地认识自己，甚至认识自己的父母。

如何反思自己的受教育模式

无论教育研究还是商业管理，都提出过不同的反思模式。根据这些理论，在这里我提出对过去经历的四步反思模式。

第一步：回忆发生了什么？

第二步：分析为什么会发生这样的事情？

第三步：这件事情对我和父母产生什么影响？

第四步：既然这样，我该怎么做？

第一步：回忆发生了什么？

要选择一些对自己有影响的事件，特别是自己还耿耿于怀的事情来回忆。在回忆时，尽可能把发生的事件客观详细地描述出来。不要急着加入过多的个人解释。回忆的内容包括：这事件在什么时候发生？在哪里发生？我做了什么？父母做了什么？当时我的感受是什么？当时父母的感受是什么？虽然这些童年往事常常伴随着情绪，但还是要尽量做到心平气和，就事论事。如果是一个人自己做反思，我建议把回忆写下来，这样比较容易理性。

第二步：为什么会发生这样的事情？

这是对事件的分析和解释。这一步的反思内容包括：为什么自己会做那些事情？为什么父母会这样处理？这件事情的发生和当时的环境有什么关系？需要指出的是，在解释父母为什么这样做时要从父母他们自己的成长背景和个人特点去理解。不要停留在一些简单表面的答案上。例如：不要把父母的打骂行为简单地解释为他们个性粗暴。应该进一步从他们的成长过程和当时的社会历史背景来解释。

第三步：这件事情对我和父母产生了什么影响？

在这一步反思过程中，首先想想为什么我还会记住这件事情，回忆这件事情对自己和父母有什么影响。然后我们就需要用规矩和爱的理论来解释为什么会产生这样的结果。例如，父母这次做规矩是否真正改掉了我的某一行为？为什么会有这样的结果？从规矩和爱的角度（或其他理论）解释为什么会有这样的结果。简单地说，我们用两条标准来反思父母对我们的教育：规矩中是否体现爱，爱里面是否带有理性和规矩。

第四步：既然这样，我该怎么做？

这一步反思是通过前三步认真的反思，为自己现在或将来要为人父母的教育行为提供帮助。有意识地把自己做父母的教育行为和过去的经历建立联系。首先看看自己是不是在重复父母的教育模式，并思考这样的重复是否是建立在理性的反思之上？其次，用规矩和爱的模式来思考如果现在让自己来处理，是不是有更好的方法？为什么？需要指出的是，这一步的反思应该跳出事情本身，思考一下这样的行为和平时的规矩和爱的执行有什么关系，把平时过程和当时的事情建立联系。

做这样的反思不是一件容易的事情。首先要理性。其次需要理论的指导。所谓理性就是心平气和、就事论事地反思所经历的童年。需要指出的是，反思的目的不是去指责父母，而是帮助自己深刻认识这样的经历，能比自己的父母做得更好。即使因为父母对自己的教育问题让自己有些痛苦的经历，也要带着理解和宽容看待父母的行为。父母是常人，他们也会受到自己小时候经历的影响，也会受到当时社会文化因素的影响。不管自己的父母有多少错误，能够这样把我们健康养大，我们就应该感恩。《弟子规》中说，"亲爱我，孝何难。亲憎我，孝方贤。"即使父母有对我们过分严格的时候，我们仍然要去理解、感恩父母的养育之恩。

当然理性的反思不是我们心平气和就可以了。我们还要有一个理论模式来帮助指导我们把各种的父母教养行为理出一个头绪。规矩和爱就是这个可以帮助我们反思的理论模式。30年前，我进入大学学习心理学，从那时就开始这样的反思。有时候甚至不是自己要刻意回忆过去，而是不自觉地去把一些理论和早期父母对自己的教育联系起来。这样的反思不仅帮助我理解父母，也使自己对规矩和爱的理论有了更深的认识。在这里我和大家分享我自己的反思。一方面用自己成长的经历来探索如何用爱和规矩的模式来做这样的理性反思。另一方面也和大家一起来探讨中国传统的严厉教育的作用和影响。

我的父亲

　　我成长的家庭有些特殊。最近人们都在谈论两位严厉的家长：一位是在美国的虎妈，另一位是在广州的狼爸。很多受过一些现代思想影响的家长都觉得家里若有这样一位虎妈或狼爸，温暖的家庭就变成了可怕的虎穴或狼窝，孩子真的太不幸了。如果真是这样，我要告诉你还有更不幸的：我从小的家庭环境是虎妈加狼爸。所以当我读虎妈的《虎妈战歌》和狼爸的《所以，北大兄妹》时，觉得里面很多做规矩的情节都似曾相识。虽然我不完全同意里面的做法和观点，但他们对孩子早期的严格要求，我不仅感同身受，而且非常赞同。所以，总体上我非常感恩父母对我的严格教育，否则天性顽劣的我很难走到今天。虽然有些规矩有过分严厉之嫌，甚至给我自己的心灵深处留下一些创伤。但是当我用规矩和爱的理论反思这一切时，我不仅能够站在父母的角度来理解这些教育行为，有些自己的些痛苦经历甚至反过来帮助我比一般人更深地去理解规矩和爱的关系。所以无论是幸福或痛苦的经历，通过理性的反思都能成为自己独特的教育财富。

父亲、母亲、姐姐和我

曾祖父、曾祖母、祖父、祖母、父亲和他的兄弟们

高祖王宗盛和曾祖王祖恺

下面我介绍我的父母各自的成长背景以及他们对我的规矩。同时，用规矩和爱的模式来反思自己的经历。

父亲出生在浙江一个中国传统知识分子家庭。祖祖辈辈都是教书先生。根据家谱，从我的烈祖（曾祖父的曾祖父）王德炯（乾隆年间的太学生）开始，到天祖（祖父的曾祖父）王光奎，高祖（祖父的祖父）王宗盛和曾祖王祖恺都是前清的贡生。最后的职业都是在家乡浙江奉化开私塾当先生。我的祖父王世琯（1907—1981年）曾名少游，毕业于上海美术专科学校。1949年前，先后在上海私立神文女子中学、浙江奉化剡东小学、奉化简易师范及奉化中学等处任教。1952年10月，被任命为余姚中学常务副校长，直到1975年退休。祖父一辈子从教，热心树人育才，深得学生爱戴。已故儿童文学作家田地（吴南薰）在1980年少年儿童出版社出版的《我和儿童文学》一书中这样回忆我的爷爷：

国文老师王先生，虽然瘸了一条腿，但很有才气，他会写诗、编剧，能书法、绘画、会拉、能弹……讲起课来，同学们听得连眼也不眨，只怪时间过得太快……他给我们排话剧、京剧、越剧，他常常自编自导，还搞布景、服装。叶（圣陶）老教我认识严峻的现实，郭风先生教我编织美丽的憧憬，国文老师教我热爱灿烂的祖国文化。我不能忘记，是他们教我懂得了什么是"假、恶、丑"，什么是"真、善、美"。

很幸运的是，在我成长过程中，曾得到爷爷的教育。或许是隔代的关系，爷爷对我的教育方式和他对爸爸的教育方式完全不一样。就像作家田地所描述的，爷爷不仅多才多艺，而且循循善诱。爷爷从来没有打过我，但他却培养了我认真阅读和喜欢观察的好习惯。在我心目中，爷爷是一个能把规矩和爱做到很好结合的教育家。也正是因为爷爷的教育，使我很早就体会到规矩和爱是可以放在一起的。但是在早期教育中对我影响最大的还是我的父亲。

父亲毕业于东北重工业部冶金专科学校,在浙江省余姚中学任教30余年直至退休。可以说是传了祖辈的职业,也是一生从事教育。克绍箕裘,我高中毕业后,也上了师范大学。1989年当我研究生毕业开始在大学任教时,我已是王家连续第七代当老师的了。这在家乡当时也被传为美谈。1990年的教师节,宁波市政府还特地送给我家一块匾:教师世家。

宁波市教委所赠的匾牌

和慈祥的爷爷全然不同,父亲不拘言笑,重而自威。我和姐姐看到他都很害怕。我小时候对爷爷和父亲在教育方法上的反差非常不理解,但是后来当看到父亲一派慈祥地对待我和姐姐的孩子时,我仿佛一下子就看到了当年的爷爷。所以隔代教育很难逃脱溺爱的模式。关于隔代教育的话题,我会在下一章谈规矩时详细讨论。

父亲的规矩之一

　　由于父亲成长于这样传统的教师世家，对孩子在生活和学习上自然就有很多的规矩。我出生在"文化大革命"开始前一年。由于时代的影响，据父亲说，他对我们的规矩已经不能和他小时候所受的规矩相提并论了。即便如此，我和姐姐受到的规矩仍然比许多同龄人严格很多。先说说我父亲的规矩。

　　在物质上，父亲要求我和姐姐过一种艰苦朴素的生活。由于父亲年轻时曾经在东北担任过一个大的工业项目的技术翻译，所以收入比较高，回到家乡当老师时，工资还是按原先的级别。在六七十年代每个月的工资是九十七元，再加上母亲的收入，我们家的经济条件在我们的小县城里不能算首富，也是前几名的了。但是父亲对我和姐姐的要求很高，我们的衣服不仅没有什么特殊，甚至比一般的小朋友还要差一点。每次要添一件新衣服，母亲总要征得父亲的同意。即使是过年，一套新衣服有时候要穿两年。第一年这套肥大不堪的新衣服只穿一个星期就被洗干净压在箱子底下了，到第二年春节才拿出来穿。因为很调皮，我的衣服很容易搞出洞洞来，特别是屁股和膝盖的部位，母亲总是一面补衣服一面骂我："上课一定没有好好听，在磨屁股。"一切都是自己惹得，所以穿补丁衣服我也心安理得。但是我小时候对穿衣服上最让我烦恼是要穿姐姐穿剩下的带花的衣服。

在当时，穿得差一点没有关系，但是穿女孩子的衣服那可是万万不可的。因为我常被同学取笑，我也据理力争。最后父母也做了妥协，让我的老外婆帮着把衣服染成黑色。我还记得老外婆用我们家最大的锅煮开了水，然后放入染粉，最后把那件花衣服放了进去。老外婆的染衣水平真不错，染完后衣服成了黑黑的一片，衣服上原来的花真的不见了。不料，第二天当我穿着染过的衣服进了教室，同学还是起哄了："王涛又穿女人衣服了。"我还一脸迷惑时，一个男同学指着他自己的衣服说："你看，我们男的衣服是从这边扣到那边的，你的呢？哈哈。"我低头一看，真是这样，原来男式和女式的衣服扣扣子的方向正好相反，因为忽略了这个细节，我在穿衣服上又遭受一次羞辱。谢谢我那慈祥的老外婆，当天晚上，又戴起老花镜硬是把扣子和扣眼整到了"正确"的位置。

按照我们家的经济条件，用现在的话说，我和姐姐当时可以算作富二代了。但在衣着和学习用品上，父亲从不许我和姐姐有任何的特殊。记得有一次四叔从上海过来，送给我和姐姐一人一个当时我们从未见过的塑料铅笔盒。不料父亲一看见这两个漂亮的铅笔盒，就严肃地对四叔说："你不应该买这么好的东西给孩子。"叔叔说："难得见一次，还是要给孩子买点好的东西。再说，这是学习用品。"父亲也没有多说什么。当四叔一走，父亲就命令我和姐姐把这两个铅笔盒放进抽屉，不许带出这个家，更不许带到学校去。最后当我和姐姐去读大学了，那两个铅笔盒还躺在抽屉里。其实当时自己也很有虚荣心，很想把铅笔盒带到学校去炫耀一番。但是因为父亲的规矩，使我没有机会来满足这样的虚荣心。当我长大对自己的虚荣心有了比较客观的认识后，心里非常感激父亲当时的规矩。

为了让我和姐姐对生活有感恩的心态，父亲经常把我们送到农村的亲戚家里去住上一段时间，感受农村孩子艰苦的生活条件。父亲特别欣赏班上成绩好的农村孩子，常常在我们面前对他们赞不绝口。后来我才知道，父亲还赞助过好几位这样的学生完成他们的学业。其中有一位现在已经六十多岁了，自己也做了爷爷，但几十年如一日，把他的老师我的父亲当着自己的父亲孝敬。一日为师终身为父啊。

在很多日常的行为上，父亲对我们的规矩也很严。以吃饭的规矩为例：吃饭的姿势就不消多说了。从记事开始，我和姐姐吃饭是不许讲话的，而且要一口饭一口菜。我小时候嘴馋也会多吃几口菜。这时，父亲一不打我，二不骂我，甚至不用转过头来看我，只需要用余光一扫，我便一低头猛吃饭不吃菜了。或许是这样的早期经验，直到现在，我仍不习惯只吃菜不吃饭的宴席。小时候，吃饭的另一个规矩是要常常看着长辈的饭碗，他们的饭碗一空，我和姐姐马上就要站起来添饭。这样的规矩至少在我们读小学的时候就已经开始。即使过了四十年，现在我和姐姐回到父母家里吃饭，看到父母的饭碗空了，还会不自觉地两个人同时站起来。

即使我后来也受到了西方教育思想的影响，但是至今我认为这样类似吃饭礼节的传统教育还是非常有必要的。例如，一口饭一口菜的规矩可以让孩子从小就懂得吃东西不能随心所欲，需要有节制。反观现在的孩子，吃饭问题之多之奇特让人费解。很多问题的根本原因是一开始没有对孩子吃饭有这样严格的规矩。为父母和长辈添饭的规矩也可以帮助孩子学习对长辈的尊重。同时也训练孩子走出自我中心，从小学习注意别人的需要。这样的要求对现在的家长来说几乎不可思议，但是在几十年前却是很正常的现象。社会变化之大常令人感叹。虽然我们说规矩和爱都要与时俱进，但现实中不是所有的变化都是进步。像这样基本规矩的丧失是教育的倒退而不是进步。

除了吃饭，父亲对我和姐姐其他行为方面的规矩也非常严厉。姐姐比较听话，而我从小就特别调皮，自然受规矩的惩罚也更多一点。从我懂事开始，父亲重打我的次数并不多。但由于父亲举止庄重，不拘言笑，平时的神态就非常威严。如果再动用家法，更是让人畏惧。

虽然柜子上有一把尺子专门是用来做规矩的，但是父亲还是直接用手打多一些。每次父亲回来，看到我不在家里，就会大叫一声："阿涛。"此时，无论我在何处干什么事情，我立马放下所有的东西一面答应"哎"，一面飞速地窜到他面前。如果我在外面做了什么调皮的事情，或是别人在父亲面前告了状，我从父亲叫我的声音中就能感觉出来。看到了父亲的脸色那就更加确定今天的规矩是躲不掉了。有时我也会故意不走到父亲的面前，至少和父亲保持一个手臂的距离，但是父亲从不这样就急着开始做规矩，他总是坐在那把竹椅子上，让我走近他，和我的眼睛在一个高度，才开始正式的教育过程。父亲总是直奔主题问我为什么做那些事情，我大部分时间只能保持沉默，偶尔会找理由辩解。有时候虽然不敢辩解却稍微歪着头表示不服气。每到这时，父亲的手就冲着我的后脑勺打过来，那个速度之快，现在想起来还心有余悸。记得在小学时，有一次语文老师教我们一个新词语：迅雷不及掩耳之势，我立马联想到了父亲打我时的情景，估计那节课中，我是全班第一个理解这个词语的学生。

父亲的手之所以那么迅猛，除了当时的情绪，还与他年轻时是个优秀的乒乓球运动员有关。受父亲的影响，后来我也喜欢打乒乓球。有一天参观少体校看到教练在训练一群小孩子练习正手击球这个动作，我突然觉得似曾相识。然后就想到了小时候父亲打我的情形。教练所要求的小运动员的三个要领每个都体现在父亲打我的动作上。第一个要领是准确性。当小小银球飞速过来时，需要准确击打在拍子的中部偏前位置。父亲不仅从不失手而且几乎都打在我同一部位，即使我有一个快速缩头的动作也不例外。第二个要领是发力：以腰带臂，以臂带手。这样不仅力量大，速度快，而且动作稳定性高。所以才会有迅雷不及掩耳之势的效果。如果仅仅是这两点，应该还是比较容易承受的。最要命的是第三个要点。那就是击球需要有连续性。在我的记忆中，只要父亲一出手就是几下。那天在体育馆的训练现场，我豁然开朗了：原来这是父亲早期打乒乓球留下的基本素养。

父亲的规矩之二

  不难想象,我小时候见到父亲,就像老鼠见到猫一样。如果父亲不在身边,我就完全变了一个人。这样的感受在我后来的一篇散文《父亲鲫鱼》中有一段比较具体的描写了,描写了我当时惧怕而敏感的心态。
  父亲年轻时候还是个钓鱼高手。每到星期天,一大早父亲就骑车出去钓鱼了,中午也不回来。父亲不在家,这一天就是我的日子了。一直会疯玩到天黑父亲快回来了才开始回归自己。我们家住在县东街,道路是用很多大石板铺成的,其中有一块不是很平整,自行车骑过会有振动声。我能从很远的地方凭这块石板的振动声辨别出是不是父亲回来了。后来读了物理才明白压过的速度和重量不一样会使石板产生不同的振动频率。父亲一下自行车,就一声不响地走进屋内喝茶。一般我也不问,径直就去把鱼竿和包从自行车上卸下来。父亲很淡定,即使观察力很强的我也很难从他的脸色中判断出有没有钓到鱼。直到打开包才知道结果……
  尽管父亲没有太多的言语,而我对父亲的一举一动特别敏感,竟然连父亲骑车的特征都能从很远的地方听出来。除了感官上的敏感,严厉的规矩让我特别胆小。其中最怕的是和别的孩子吵架。因为每次一犯事,父亲总是先让我去别人家登门道歉。有的孩子知道父亲的规矩,就会故意来欺负我，然后恶人先告状。而父亲也总是二话不说让我先去别人家道歉。有时候短短几十米路，我要低着头走上十分钟。到了别人家里，还要当着别人一家人的面认错。特别是看到那个欺负我的孩子还露出得意的眼神时，心里备受折磨。那时候，我才十岁左右，这样的经历实在太屈辱了。后来父亲告诉我，那时正处在"文化大革命"末期，社会动荡。父亲很怕我在外面学坏，希望能通过这样严厉的规矩让我不要在外面撒野，能多待在家里看看书。现在看来也不是没有道理，特别是我小时候既调皮又天真，确实很容易学坏。但是，这样的规矩实在超出了我那个年龄可以忍受的范围，因此，在我心理还是留下了阴影。

虽然父亲如此严厉，大部分情况做规矩还是很理性的。他会先把打的原因说清楚，打完以后也不多说，该做什么就做什么。父亲真正对我大动家法狠打的次数并不多。但每次让我刻骨铭心。有一次的毒打，至今还是一个悬案。

那一次，我我才六岁。我把邻居新贴的一副样板戏宣传画捅了一个洞。在当时的年代，这个事情是可以上升到一个政治高度的。吃中午饭时，邻居来告状了。父亲板着脸对我说："先吃饭。"一个人最恐惧的事情恐怕不是经历灾难而是等待灾难。那顿饭我不知道怎么吃的。只记得吃得很慢，眼睛一直在观察父亲的一举一动。父亲很快吃完了，然后径直走到院子里开始锯木头。说时迟，那时快，我一见这个情形，马上扔下饭碗，"嗖"的一声窜到里屋把门闩给插上了。父亲过来敲门，说如果我自己开门出来，就不打我了。我怎么也不愿意用这暂时现实的安全去换取那不敢确定的承诺。于是坚持不开门。我那时候真还是个小孩，居然没有注意到这间房子的一个特点。那就是我们这间里屋其实只有半间，另外一半是邻居的。但中间的隔墙只砌到半空约有两米高。一个大人是很容易从这边墙翻越到另一边的。正当我为暂时的安全松一口气时，就看见父亲突然出现在了隔墙上。我吓得想夺门而逃。不料，外

081

面早已被父亲反扣上了。绝望的我只能钻到床底下。结果被愤怒的父亲一把拖出，暴打一顿。我想那次父亲一定是被气坏了。但是自己的幼小心灵也备受伤害。在这样极度的恐惧中，规矩只能加剧创伤，而不能教谕道理。

我到了美国后，还常常回忆这次挨打的过程。有一天突然对一个细节有了新的想法。那就是父亲饭后锯木头的行为，觉得父亲不会因为要打我而特地去锯木头。带着这个疑问，在一次回国探望父母时，我终于鼓起勇气向父亲求证那个锯木头的细节。不料父亲摇摇头说："怎么还会记得？"我当时有说不出的失落。

当然再追究那个细节确实也没有太大的意义，最多是想说明那次挨打有误解的成分。但是我时常会天真地设想这样一个情境，如果我是父亲，当我把瑟瑟发抖的小家伙从床底下拖出来后，我会怎样处理。答案非常明确：一把抱紧颤抖的孩子说："孩子不要怕，爸爸爱你。"当孩子在我怀里平静了以后，好好交流，让他接受应该接受的规矩。如果那一天的结果是这样，我的人生轨迹可能完全就不一样了。

父亲的规矩给我的启发

回想我父亲做规矩的细节,仍有很多值得我们今天的父母学习。

首先,父亲要我们做的,他首先自己做到。例如吃饭时他自己总是一口饭一口菜。让我们穿着朴素,自己就先这样。让我们早起,他每天比我们起得更早。叫我们不要贪小便宜,自己就一直如此。这样做规矩就有力量,有底气。

其次,平时的家庭氛围就为做规矩作了铺垫。《论语》中说"君子不重则不威",而父亲在孩子们面前可以说是"重而白威。"父亲平时就言语不多,做规矩也从不啰唆。由于对父亲的敬畏,我从小知道规矩的严肃认真。另外,父亲很少当着外人的面做规矩,这样让我更能够把心思集中在事情本身。

再次,父亲虽然严厉,但不是一成不变。尤其在我进入青春期以后,做了很多至今看来很好的决定。当我第一次高考落榜后,严厉的父亲却没有过多地责备我。那个夏天父亲常常一早带我出去钓鱼。虽然也没有什么语言交流,父子二人总是默默地骑车出去,默默地钓鱼,然后默默地骑车回来。当父亲感觉到青春期的我和母亲的冲突日益加剧时,父亲不是一味地做规矩,而是决定让我在高中的最后一年去住校读书。这个决定可以说改变了我的一生。让我学会了从他律到自律的人生转变。

最后，虽然有经济条件，但对孩子生活严格要求，不让孩子的虚荣心得到膨胀。父亲的规矩克制了我们的虚荣心，同时他对穷困学生的慷慨，也让我们学习到了好的金钱观。这一点特别值得很多富裕家庭的父母学习。

父亲的爱

　　除了规矩严厉，父亲的教育还有另外一个特点，那就是不轻易表扬我们。我从小心里就特别渴望被爱，被肯定。可惜父亲的表扬吝啬到了极点。在我的记忆中，父亲从未当着我的面夸过我。每次把考卷递给父亲，即使是考了 99 分，父亲的眼光总停留在失去的那一分上。问我为什么这么粗心。如果考了 100 分，父亲总是先问一句：班上有几个 100 分？然后把考卷递还给我。即使如此，我也会兴高采烈一整天，因为没有批评就是对我最好的表扬。

　　父亲不仅不会轻易夸奖，而且讲话都是言简意赅，从不啰唆。1999 年，我拿到了哈佛的录取通知和奖学金。当我第一时间在电话里把这个消息告诉父亲时，父亲只是问我接下去办签证的具体细节，没有一句表扬的话。当我拿到赴美签证回家乡和父亲告别时，父亲也没有什么特别的表示，只是在我离家时，父亲语重心长地说了一句："到了美国，经济上要量入为出，学习上要更加努力。"我对这句话一点也不陌生，因为十七年前，我第一次离开家乡去上海读大学时，父亲说的就是这句话。当时，父亲没有送我去火车站。临行前，父亲坐在那把竹椅子上给我讲了这句话。而我则背着书包，拿着简单的行李在一旁点头。最后听到父亲说了句："走吧。"我便如获大赦，走出院子大门。我至今仍记得那时自己的情形：如同出笼之鸟，顿时我心飞扬。

当然，十七年以后当我要远渡重洋而再次告别父亲时，我也成熟很多了，对父亲的严厉教育也开始有了新的认识。不仅没有我心飞扬的少年狂傲，而且对年迈的父亲有了一些眷恋。但我也不知道怎样用语言来表达这样的感受。最后还是礼节性地告诉父亲要多保重。

到了美国，我还是经常打电话回家。这些年基本上都是一个星期有两次的电话。父亲和母亲接电话的表达方式反差很大。

如果是母亲接的电话，都会讲上二十分钟，一些生活的琐事，甚至哪一家换了几个保姆都要告诉我。这些年我越来越清楚一个道理，如果说百善孝为先，那么百孝顺为先。有时候给老人家买多少东西还是次要的，对父母最重要的就是顺。所以，和母亲通话，不管什么内容，我都会尽努力好好听。然后在以后的电话中追问母亲故事的续集。

如果是父亲接的电话，一般来说都是三句话。接起电话，父亲一般能马上听出我的声音。所以第一句话是："你在那边都好吧？"我忙说好。但是我还没来得及问候，父亲就会抢先说："我和你妈妈也都好的。"紧接着就是第三句："如果没有别的事情就这样吧。"说完就把电话挂了。我已经非常习惯父亲这样的表达方式了。

但是在几年前的一次电话中，父亲突然改变了三句话的模式。那次我快放假回中国探望他们了。父亲在电话里突然问我是否有空。我倒是有些紧张。果然父亲在电话里给我布置了一项紧迫的任务。原来父亲喜欢打桥牌，但是老年人搓麻将的多，打桥牌的很少。所以父亲常常因为找不到玩伴而苦恼。后来父亲通过一系列的自学开始用电脑上网打牌。父亲的桥牌水平还是相当不错的，常在老年运动会上得奖。但是上网打牌常常因为眼花和点鼠标出错，结果账户上留下一大堆负分。这样即使在网上，父亲也很难找到愿意和他搭档的人。这让父亲非常苦恼。，着急的父亲就在电话里让我想办法把他的负分统统拿掉。我当即上网查看了情形,告诉父亲要等我回国后开设了网上银行才可以。父亲很无奈,但想到我马上要回国了,也只能等几天再说。一星期后,我飞回了上海。但到上海的第一天已经是下午了,加上时差关系除了睡觉没有办法做其他事情。第二天一早,我就去银行开了账户,然后上网付费,不仅把父亲账户上的负分全部去掉,还额外花钱把账户从幼小班变成了大二。做完这一切,我心里暗暗想这次父亲不表扬我会说什么呢?带着这样的好奇,我拨通了父亲的电话。电话那头的父亲赶紧查看了账户,沉默片刻后,我突然听到父亲大声说:"你昨天一到(上海),就应该这样做。"

这样的结果我并不很意外,因为我不仅习惯,而且非常理解父亲这样的风格了。相反,那天父亲突然夸起我来,我很可能会无所适从的。并不是父亲没有感谢之心,而是不能当着儿子的面说出来。这就是传统的中国父亲。需要指出的是,不能把中国传统父亲简单地归划为严厉型。根据第二章里面的理论,严厉型的家长重规矩而缺乏爱。事实上随着自己年龄的增加,特别是自己做了父亲后,我越来越感受到父亲对我的爱。有时候在我回想小时候的一些经历时,发现即使父亲打我时也有爱的信息。前面我介绍过我挨打时父亲那个迅雷不及掩耳之势的击球式的动作。现在回想起来,虽然父亲起手迅猛而且带着连击,但每次打到我的头上时总是薄薄地擦过,而不是正面狠击。这说明父亲的手在击中我的头部时有一个急速的转弯。现在想来,父亲当时也在愤怒中,他的手又受过打乒乓球的训练,在那一刹那,如果不是爱,他的手岂能突然转弯。我相信父亲在那一瞬间一定动了慈念:这可是我的儿子啊。古话说,为人父,止于慈。为人父亲最高的境界是慈爱。我想说,父亲用他那规矩中的慈爱达到了这个境界。

但是问题在于父亲这样的慈爱,在我小的时候是不能体会到的。很难想象当父亲的手以迅雷不及掩耳之势打过之后,我会闭着眼感受到父亲这样的慈爱。这就是中国传统父亲的一个问题，那就是他们的爱太深沉，太含蓄，以至于做子女的成长太沉重。因为在成长的过程中感受不到爱而产生一系列的心理阴影。所以我们为人父母不要自己认为有爱，自己是凭着爱做规矩，更重要的是要让孩子在过程中能感受到爱。回想自己的人生轨迹中所走过的很多弯路都和自己内心对爱过分的渴望有关系。

　　回想和父亲在一起的童年时代，并不全都是灰色的，偶尔也有阳光灿烂的日子。记得有一次我得了麻疹，皮肤溃烂而且身体发着高烧。一个下午，父亲特地请了半天假，陪在我的床边，还破天荒给我讲了三个《西游记》的故事，那天我仿佛第一次敢直看父亲的眼睛，不知道是高烧的幻觉还是父亲的改变，那天我看到了从没有看到过的父亲，好慈祥，好慈祥。我至今仍然记得那天下午的情景，也记得父亲给我讲的那三个《西游记》的故事。只可惜，当我出完麻疹，慈祥的父亲就消失了。从此，我有了一个特别的盼望——自己再得次麻疹。后来有人告诉我一个医学道理：得了一次麻疹后就有免疫力了，就不会再得第二次。这个消息当时让我心里有说不出的失落。

家有严母

如果传统的家庭是严父慈母，我们家却是严父严母。母亲做规矩比父亲频率更高，情绪性更强。母亲往往说打就打，而且边打边问："你以后还这样吗？"直打到我说"不这样了"才肯罢手。而且母亲打我也不避讳邻居，甚至唯恐别人不知道她又在做规矩了。也偶有不明白我母亲习性的邻居，过来劝阻，这时母亲必然打得更重。所以我从小对母亲很叛逆。到了青春期，这样的叛逆就更加直接、强烈。

后来我才明白，母亲这样的行为是和她成长的经历有着密切的关系的。

我母亲出生在一个牧师的家庭。外祖父和外祖母都是金陵神学院毕业的，外祖父周永宁早年在浙江余姚的一个叫临山的小镇里牧会。据外祖母说，外祖父很有天赋，为人善良，一口流利的英语。只可惜因为肺病英年早逝，因此母亲童年失怙，遭受了难以想象的贫穷和艰苦。更不幸的是家贫还出逆子。母亲有一个赌博成瘾的堕落长兄。据母亲回忆，这位我未曾谋面的大舅舅为了赌博，常常不顾家庭的贫穷把家里仅剩的大米偷出去变卖，有一次竟然把母亲每天放养的一只羊（可以说是全家很大的一笔财富）偷走变卖。这位舅舅不仅品行堕落而且性情粗暴。发起脾气来还要动手打外祖母，对此，可怜的外祖母只有流泪祷告。后来这位舅舅索性把自己卖了壮丁,当兵去了。但离开家乡前一夜,还把卖自己的钱全都输光了。最后在战争中再也没了音讯。

这位舅舅没有留下一张照片,我也不知道他是什么样子。但是他的行为对母亲的刺激非常大,她对这位长兄可谓深恶痛绝。母亲总是怪外祖母没有从小给这位舅舅做好规矩。所以她自己做母亲时就下了决心要从小好好管教自己的孩子。很自然,当母亲看到我小时候身上的一些不良行为的苗头时,就自然联想到了那位舅舅。压抑在潜意识里面的恨就会爆发出来。可以说,当母亲在打我的时候,心里是在感觉打那位舅舅。但是我小的时候是不会站在母亲的角度去理解她,于是备受煎熬。

我读小学的时候,男同学最喜欢的事情就是玩香烟盒子和打橡皮筋。两种游戏都有赢输。这在母亲眼里就是赌博的开始,于是就严厉禁止我玩。由于没有什么别的可玩的,我还是忍不住,特别在课间十分钟的时候,还是常常玩。有一个同班同学小强,和我素有矛盾。由于是街坊,他深知我母亲对我管教的严厉。有一次和我吵架后,就向我母亲告发我在课间玩香烟盒子。不出所料,母亲就大动家法,还让我写了保证书。我当时也下了决心要"痛改前非"。也非常艰难地坚持了两天。有一天在课间休息时,我的同桌在和别人玩烟盒,我在旁观(说明自己心里还是有兴趣)。现在想来我这位同桌也是很可爱的,他为了抓紧这十分钟的时间玩烟盒,竟然憋着尿。但是那次玩到一半再也憋不住了,突然撒腿跑了出去,一面跑还一面叫:"阿涛,你帮我看着。"于是,我便被动地又参与了一次。这件事情过去后,也没有放在心里。有一天,母亲突然又问我是不是还在学校里玩烟盒,我就说没有了。母亲接着问怎么能证明我没有玩。我现在回想母亲的这个问题都觉得有些过分。要证明别人有罪是你自己找证据的,而母亲却要我自己证明自己的清白。但我觉得自己没主动玩过就理直气壮地说:"不信你去问小强好了。"没想到母亲二话没说就去了小强家。母亲走后,我就开始嘀咕了,那次替那个尿急鬼看场不要被小强看见了,如果这样,这家伙肯定会添油加醋。一会儿,就看到母亲铁青着脸怒气冲冲地回来了。我知道大事不好。还没等我反应过来,母亲就劈头盖脸给了我一顿暴打。

这件事情已经过去将近四十年了,我还是第一次写出来,此时,我一面写,一面眼泪还忍不住地流出来。可见此事对我影响之强烈。我知道平时母亲是个有爱心,又非常善良的人。但即便是这么善良的母亲,一旦被情绪控制时,同样可以做出很不善良的事情。情绪是魔鬼啊。到了现在,我除了还能感受到当时的委屈,也替母亲难受。母亲在那个时候也无法摆脱这样的情绪制辖。除了母亲对长兄的痛苦记忆,还有一些其他因素。当时母亲得了甲状腺机能亢进,后来在学习心理学时,我才明白由于内分泌的混乱,母亲的情绪很容易失控。另外一个重要原因是来自于母亲的工作压力。当时母亲在酿造厂的化验室工作,用现在的术语就是做质量监控。由于母亲的一丝不苟,在单位得罪了很多人。而母亲常常把积累的负面情绪带回家里,也很容易在给我做规矩时爆发。但我那时才不到十岁,怎么理解那么多呢?这样的经历在我内心实在留下很大的创伤。现在我在培训父母时特别注重父母对自己情绪的控制。在教育中对孩子伤害最大的不是别的,正是父母的情绪。

从我自己的经历中,我觉得传统的严父慈母的结构是有其合理性的。母亲不适合来承担规矩的主要责任,因为从生理特点上看,女性更容易情绪化。例如我们常常用歇斯底里来形容一个人失去理性的状态。要知道歇斯底里的英文 hysteria 词源于希腊文 hystera,乃是女性子宫的意思。

我很不赞成现在很多家庭严母慈父的现状。现在很多中国家庭都是妈妈做规矩。虽然这比完全放任孩子要好,但是因为妈妈的情绪失控很容易给很多孩子造成伤害。特别是当一个更年期的母亲要给一个青春期的孩子做规矩时,这种由生理的失控和青春的叛逆所爆发的冲突会给妈妈和孩子都带来不可想象的伤害。

母亲的严厉和我的"堕落"

回忆我自己的成长经历，除了当时的一些社会因素和个人因素让母亲常常情绪失控外，母亲早期的家庭经历也在支配着她的行为。长兄的堕落在母亲心中的创伤让她唯恐教育不够严厉。母亲至今仍确信只有这样的严厉管教才能将孩子的恶习彻底改掉。很可惜事与愿违，这样带着个人情绪的规矩，不仅让孩子的心理受到创伤，而且往往还达不到改变孩子行为的目的。首先是因为当一个孩子在极度的恐惧中，他是没有任何学习能力的。除了产生极度的恐惧或仇恨，根本无法去理性地思考自己行为和规矩之间的关系。其次，即使这样的暴力会让孩子的一些行为得到收敛，但是一味地压抑在将来可以爆发难以想象的破坏力。这样的结果和弗洛伊德的心理分析中所描述的情形很相似。很不幸，我的人生经历也证实了这一点。母亲这样严厉的教育并没有让我真正远离赌博，相反我的人生差一点就堕落在赌博里。

我20几岁时突然迷上麻将，而且常常通宵达旦。仅仅举一个例子就可以看出我当时陷得有多深。那个时候我不需要看，144张麻将牌只要一摸就知道是哪一张。甚至连梅兰竹菊、春夏秋冬这八张花都能摸清楚。要达到这样的"境界"，我浪费了多少宝贵的青春岁月啊。那时候吃完晚饭，我的身体就仿佛不属于自己。两条腿好像被人控制了一样就出去四处找人。一旦四个牌技相当的人在方城前坐下时，莫名的兴奋和快感就随之而来。久而久之便不能自拔。这样的情形约有两三年之久。回想当时的堕落，我觉得和小时候母亲的严厉责打很有关系。其实，自己在小时候玩烟盒时并没有意识到这个行为和赌博之间有什么联系。但是母亲一再强调这两者之间的关系，让赌博在我幼小的心灵里留下了很深的烙印。其次，严厉的责打只是让我害怕母亲，而不是对赌博的危害有清醒的认识。相反，在潜意识里面对这样的行为更加好奇。当后来我有所谓的自由时，内心就很容易有一种冲动去尝试。这种被长久压抑的兴奋是自己也始料未及的，一旦意识到母亲已经管不了自己的时候，这样的堕落在我身上似乎是早就注定的。现在回想起来觉得当时自己人不人、鬼不鬼的情形仍有后怕。

母亲另一个痛恨的行为是抽烟。我小时候曾经因偷了父亲的一根烟抽而被母亲痛打。现在回想起来，当时自己完全是出于好奇，甚至潜意识里是寻找一种成熟的感觉。但是在母亲眼里我就仿佛成了一个十足的小流氓，必须严惩。和赌博一样，在我 20 几岁的时候，当我自己有钱有自由时，我开始抽烟，并迅速染上了烟瘾，有时候一天会抽上整整一包。我记得刚开始抽烟的时候觉得气味苦涩难忍，但是有一种莫名的兴奋。同样，我认为这样的莫名兴奋和早期母亲对我的过分惩罚有关。

感谢上帝，当自己真正明白赌博和抽烟的危害时，我都能很幸运地得以挣脱。回想整个过程，我觉得早期一味地非理性地对孩子进行粗暴惩罚，有时候会适得其反，让孩子长大后更容易犯这样的错误。

我也一直在回想，如果我是母亲，除了要克制情绪，还应该怎样在玩烟盒和抽烟两件事上做规矩呢？在玩烟盒的问题上，规矩固然要做，我会尽努力去找到一件能替代玩烟盒的事情。否则，在那个环境里要让孩子克制自己真的很不容易。这种设身处地为孩子着想就是一种爱，这种爱会让父母在教育前愿意先进入孩子的世界，从孩子现有的能力出发制订可行的计划。当发现孩子后来又被动地参与玩烟盒时，我会看到孩子已经付出的努力，并对此先加以肯定，然后再提出要求。如果这样，孩子不仅能明白规矩，更重要的是能从规矩中感受到父母的爱。

长大后我发现很多人和我一样，在小时候偷着抽过烟。这说明这样的好奇心不仅强烈而且普遍。有些父母在别的事情上比较宽容，看到孩子抽烟常常不会轻易饶恕。和我母亲一样，他们一看到孩子抽烟就觉得他离流氓不远了。其实这样的行为其背后的动机并没有那么可怕，只是好奇。管教当然是需要的，不然由好奇也可以发展到堕落。但是没有必要以大人自己的恐惧去歪曲孩子好奇的动机，更不要过分地上纲上线。

我在杂志上曾经看到过一位美国心理学家对这种问题的处理，深受启发。有一天心理学家回到家，发现自己的孩子正偷着抽烟，心理学家很认真地问瑟瑟发抖的孩子："味道怎么样？"孩子满嘴苦涩，摇摇头，这位父亲点燃一支雪茄，对孩子说："还是尝尝这个。"小家伙将信将疑地接过来抽了一口，随即是一阵强烈的咳嗽，孩子开始呕吐，这时父亲过去轻轻拍拍孩子的背，等孩子缓过气后，这位父亲说了一句："孩子，不要再抽烟了。"这位父亲把握了孩子真正的动机，从认知上用过分满足的方式让孩子自己感受所好奇的烟味。用直接的体验就事论事地解决问题，而不是从道德上过分解释抽烟的行为。当时看到这篇文章的时候，我非常佩服这位心理学家。但是，现在看来这位父亲还需要有一个根本的转变，那就是自己先戒烟。否则再好的教育也只是流于形式。

由于自己小时候的一些痛苦经历，我现在更多地愿意站在孩子的角度，从孩子的动机出发来理解他们的行为，在此基础上思考应该做的规矩。如果这样，不仅可以避免对孩子造成不必要的伤害，也更容易去反思我们做父母自己的行为。十多年前，我十岁的外甥扬扬也遭受了类似我小时候的委屈，后来我把这个过程整理成一个教育案例在报纸上刊登。题目是《谎言背后的诚信》。

谎言背后的诚信

儿童撒谎是几乎每个家长都会遇到的教育问题。大部分家长都会把它当做一件比较严重的事情，惩罚也相应地比对一般的调皮捣蛋来得要重一些。有些家长在第一次发现孩子撒谎时，常常不依不饶，甚至大动家法。但是这样简单的惩罚往往会让孩子误认为被惩罚的原因是谎言被父母戳穿了，而不是撒谎本身。结果事与愿违，这些孩子撒谎更频繁、更老练。所以父母在教育中首先需要仔细分析孩子撒谎的动机和成因，然后才能作出针对性的措施。本文以一个十岁儿童扬扬的案例介绍动机和成因分析在儿童教育中的重要性。

扬扬是一个品学兼优的男孩。在他十岁时，因一次撒谎被父亲重打一顿。结果心理受到很大的挫折，与父母的关系也越发疏远。那次撒谎的经过很简单，一天中午，扬扬告诉妈妈下午要去少年宫画画。妈妈察觉了扬扬说话时的不自然，下午一打听，得知那天下午少年宫根本就不开门。晚上，在父母的再三追问下，扬扬才告知实情：原来他和班上的几个男同学相约到新建成的江滨广场玩了。于是父亲勃然大怒……

几年后我才得知了这件事，我问扬扬当时为什么要撒谎。他说："我上午就答应了别人（同学）要去的。"那简单的理由让我沉思了很久。应该说去海滨广场玩的要求很合理，于是我又追问："为什么要撒谎呢？"原来父母的要求比较严格，扬扬意识到如果直说，很可能被父母拒绝，这样他会在同学面前很没有面子和信誉。这时我才发现扬扬谎言背后竟然还有一份诚信。

我和扬扬的父母及扬扬一起坐下来，告诉他们如果我是扬扬的父母我会怎样做。并要求他们先听完然后发表感想。

我说，首先我不是责怪孩子而是反省自己，因为孩子有这样合理的要求却不敢和我直说，这是一个严重的问题。我的责任在哪里？是不是平时孩子一些合理的要求没有满足？是不是常常粗暴简单地拒绝他那些不合理的要求而没有耐心解释为什么？显然，造成这样的结果，主要责任应该在父母。

这样我就会放下父母的架子，心平气和地和孩子谈一谈。首先我要肯定他谎言背后的诚信，告诉扬扬："你想要在同学面前说话算话的态度很好。但是以后要先和爸爸妈妈商量。"其次我要告诉扬扬："和同学去海滨广场玩没有什么不可以，以后你想做什么可以和爸爸妈妈直说。爸爸妈妈如果不同意也一定会把道理好好跟你说。以前爸爸妈妈在这方面做得不好，以后也吸取教训。"

最后，我说我要告诉扬扬："这件事，爸爸和你都有错。爸爸的错是在教育上太简单，以至于你不敢和我有正常的交流。你的错是在于选择了一个错误的方法去达到合理的要求。做错事，我们都要承担责任，爸爸的错更大，所以爸爸这一个月不再看一场足球比赛。但是你也要承担你撒谎的责任。对不起，孩子，你也要接受规矩，承担你应该承担的责任，把小手伸出来……"

说完我的想法，我想让扬扬的父母发表一些意见，只见他们都低头不语，而扬扬却在一旁开始抽泣了。

那次座谈已经过去很多年了。或许是自己小时候也有类似的遭遇，我至今不能忘却扬扬抽泣时那委屈的神情。想到十几岁的扬扬对多年前往事的反应仍然那么强烈和情不自禁，可以想象那次经历对他心灵的伤害。如果做家长的我们在面对孩子的谎言时，能常常收敛自己怒气，仔细分析孩子的动机，我们不仅能看到自己的问题和责任，或许我们还能看到孩子谎言背后的诚信。

十多年前，当我写完这篇文章的时候，我知道我开始慢慢从自己的过去走出来了。我既像我的父母那样在规矩上没有任何妥协。但（是）我也不是照搬父母的方式，而是更从孩子的角度出发，从动机上来理解他，用带有爱的规矩进入孩子的心里。

需要指出的是，反思会随着父母的成长而不断深入。就是现在，我仍然会不断地回顾这些经历。特别是学到一些相关的理论时，常常用自己的经历去理解体会这些理论。无论是快乐的过程还是痛苦的经历，都是我的财富。而你一定也会有一座属于自己的矿藏，用理性的反思去好好开发提炼吧。我们为人子女的经历，其价值的大小，是和我们的反思程度成正比的。反思愈深，它的价值就愈大。

第四章

规矩和敬畏：做规矩的目的是培养孩子的敬畏感

人类需要敬畏，孩子需要规矩

规矩的最终目的不是让孩子害怕父母而是让他们敬畏规矩

为此，父母自己先要敬畏规矩

做规矩要认真，要让孩子接受惩罚

打孩子是一种教育的艺术

打孩子不能带有愤怒，打孩子要用杖，

打孩子要用语言交流，打孩子需要爱

培养孩子对规矩的敬畏之心

  初为父母，似乎上帝都为我们准备了足够的爱心来迎接新生命，但常常没有给我们足够的智慧来教育孩子。就像宋代司马光总结的那样："为人母者，不患不慈，患于知爱而不知教也。"确实，由于不能把这样的爱理性化，我们就无法教会孩子对规矩的敬畏。在定本书的题目时，我特地把规矩放在前面就是想凸显做规矩的重要和不易。在内容上也用第四章、第五章整整两章从理论、认识、操作三个不同的层面探讨做规矩的问题。希望通过这样的讨论使为人父母者不仅对规矩有更全面的了解，也对爱有更理性的认识。有了对规矩和爱的进一步认识，就不难明白规矩和爱是不可分割的关系。

  做规矩的目的就是培养孩子对规矩的敬畏之心，做规矩自然就是一件认真而神圣的事情。很多父母做规矩的失败是因为随便。这种不认真的态度不仅不能让孩子对规矩心存敬畏，相反，孩子会因着你对规矩的随意而产生对你、对规矩的藐视。父母这样做规矩的态度就是对自己神圣职责的一种亵渎。

  为了避免做规矩的随便，为人父母要做到以下三点。首先要营造父母的权威。其次在做规矩时，在心理和操作细节上都认真做好准备。最后要让孩子承担行为的后果。

孔子非常明确地指出"君子以恐惧修省"。这里的"恐惧"不是一般的害怕意识,而是敬畏的意思。朱熹在解释这句话的时候就说得更加明确:"君子之心,常存敬畏。"在儒家的修身体系中特别强调君子要"慎独"。在别人眼皮底下,保持自我约束有时还能做到,但是当没有人看见的时候,君子靠什么来"慎独"呢?正是平时养成的敬畏之心。所以,敬畏是对一些规则的敬仰和畏惧,是一种对待信仰的神圣态度。敬畏是信仰的基础,是一切智慧的开始。《圣经》明确指出:"敬畏耶和华是智慧的开端。"如果没有敬畏,人类的智慧会是怎样呢?当人类始祖亚当和夏娃偷吃了智慧果后,"他们二人的眼睛就明亮了"。但是眼睛的明亮并没有让人类获得真正的智慧,相反让人类在犯罪的羞耻中远离智慧而堕落,究其原因正是心中失去了对神最初的敬畏。由此看来,敬畏不仅是人们修身立德的重要方法,更是伦理道德本身的重要组成部分。就像哲学家史怀泽所强调的那样,"对生命敬畏的感觉是绝对的伦理"。哲学作家周国平也曾说过:"同情生命是道德之本。"相反,当一个人失去对生命最起码的敬畏,天不怕、地不怕,那么这个人就已经和禽兽无异。第二章中那位在法庭上微笑求死刑的"90后"青年马金库,就是因为失去了对生命最基本的敬畏,才会对自己如此冷漠,对他人如此残忍。这个仅仅是一个人的悲哀、一个家庭的悲哀,也是一个社会的悲哀、一个时代的悲哀。

敬畏既是修身之道又是伦理道德之底线,敬畏自然就是幸福之保障。追求幸福是每个人不言而喻的人生目的,但是没有敬畏就没有幸福,甚至会导致危害。弃官从学的明朝哲学家吕坤对此作了很好的解释:"畏则不敢肆而德以成,无畏则从其所欲而及于祸。"前不久知名音乐人高晓松因醉驾获罪就是因为"无畏"律法而"及于祸"。值得提及的是,高晓松从被捕酒醒的那一刻起就保持忏悔认罪的态度。在庭审时,高晓松制止了律师要为他做的无罪辩护,也没有为自己的行为做任何借口，只是在最后留下了这样一段话："我有的全部都是忏悔。我以前一直以为喝酒能给人自由，最后因为喝酒失去了自由。"中国目前的文化名人犯各种错误的很多，但是能像高晓松这样真心忏悔的却很少。我在认真思考了他在法庭上所说的那段话后，发现高晓松的忏悔还是没有认识到问题的根本。他认为自己失去自由是因为喝酒被捕，却没有认识到其实在被捕之前已失去了真正的自由。虽然他有钱买酒，有酒量和时间自由喝酒，酒后或许还能再写一首好歌，但是他不自由。因为他在酒面前不自由，已被酒捆绑。由于缺乏敬畏，所谓的自由早就成了捆绑。唯有对律法和规矩的敬畏才能帮我们逃脱这种罪的捆绑。敬畏让人"不敢肆"而得以避祸，敬畏能让人获得真正的自由。所以真正的自由不是你想做什么就做什么（从其所欲），而是当你想做什么时，因着敬畏而有能力不去做什么（畏则不敢肆）。

在现实中，我们不但常常被罪恶捆绑，而且很多时候我们明明知道恶的事情却偏偏要从己所欲，甚至最后不能自拔。用心理学的专业术语来说，就是一个人的道德判断和道德行为往往会背道而驰。这种道德判断和道德行为的背离是人生的一大煎熬，也是人类的软弱和可怜。记得自己年轻时曾经深深堕落在麻将中，每次凌晨在赌局结束后独自面对着镜子中的自己时，有说不出的悔恨和自责。但是当夜幕降临的时候，又不由自主地开始四处找人雀战。但是只觉得自己生来意志薄弱，后来发现很多伟大的人也都曾有过这样的软弱。《圣经》中的保罗既有智慧又有勇气，一生遭遇无数折磨，内心仍然依靠信仰充满平安喜乐。但保罗最让我感动的勇气不是他对外界苦难的承受，而是他对自己内心软弱的坦诚："我所愿意的，我并不做；我所恨恶的，我倒去做……我真是苦啊！"伟大的使徒保罗尚且如此，更何况我们在信仰上还缺乏根基的人呢？我们更需要依靠敬畏来远离罪恶。

在中国历史上，很多有智慧的人都认识到唯有敬畏才能远离祸害进人幸福。《明史杂俎》记载着这样一个故事，明太祖朱元璋有一天突然问群臣："天下何人最快乐？"文武大臣们众说纷纭，但没有一个回答让朱元璋十分满意。后来一个叫万钢的大臣回答"畏法度者最快乐"，让朱元璋龙颜大悦，直夸"见解甚独"。万钢的回答道出了这样一个道理——敬畏是幸福的根本。

所以，古今中外的哲学家和思想家都认识到幸福人生离不开敬畏。为人父母如果希望自己的孩子长大幸福，就自然需要培养孩子从小对规矩的敬畏之心。放眼上下五千年中国的家庭教育理论，无不把培养孩子的敬畏之心置于一切教育的首位。《三字经》把这个意思作了简明扼要的概括："首孝悌，次见闻。"做人首先需要学习的是孝和悌。所谓孝就是对父母的顺从，所谓悌就是对兄长的尊重。所以人生学习的第一门功课也是最基本的功课，就是敬畏，在家庭的人际关系中学习敬畏之心。在这个基础上，才开始学习别的知识，接纳外界的各种信息（次见闻）。

在中国历史上流传着很多关于敬畏教育的佳话，其中最让我感动的是周公训练成王的故事。

周公的故事

教育从训练敬畏开始，这个道理在传统的中国社会可以说是家喻户晓。百姓对子女的教育强调敬畏，帝王对王子的教育更是如此。要知道在古代能否培养一个小王子的贤能之德会关系到江山社稷的繁荣和黎民百姓的幸福。所以，历代历朝对小王子的教育都非常重视，会有专门的机构，设立专门的课程。但是无论在哪个朝代，第一重要的教育还是让他学习敬畏。而让小王子学习敬畏实在是件不容易的事情，因为孩子很小就知道自己的地位是在一人（老皇帝）之下、万人之上的。所以，这就更需要皇帝要有教育智慧来培养王子的敬畏之心。但是万一皇帝不幸去世得早，谁还能教育年幼的王子学习敬畏呢？《礼记·文王世子》里就记载着这样一个感人的故事。

当周武王去世的时候，儿子成王因尚年幼而不能马上继位。朝政由周武王的弟弟——成王的叔叔姬丹（周公）来主持。这个周公既有高尚的道德，又有过人的智慧，是一位孔子也十分敬重的圣人。但是这样一位圣人在教育小成王时也遇到了很大的困惑，因为复杂的身份和地位让敬畏教育所必需的权威受到了挑战。首先，周公和小成王为叔侄关系，这样做起规矩来就已经不像父子之间那么名正言顺。更麻烦的是两人还有一层君臣关系，臣怎么可以给君做规矩让他学习敬畏呢？最后周公想了一个极富智慧的办法把血缘关系上的长辈权威和政体中的君臣之礼做了绝妙的结合。周公让小成王和自己的长子伯禽一起生活、一起学习，周公对自己的儿子伯禽规矩很严，这样做一方面让伯禽学习敬畏，更重要的是让在一旁的小成王耳濡目染受到教育。最让我动容的是，当小成王出现违反规矩和不敬畏的行为时，周公不打成王，却打自己的儿子伯禽。这就是著名的"成王有过，则挞伯禽"的典故。这样的教育放在现代西方教育语境中是典型的不公正和虐待儿童，会对其身心造成创伤。然而，放在中国传统文化的语境中，却成了敬畏教育的典范。就连孔子知道了这件事情后也对周公大为赞叹："周公优为之。"（周公做得太好了）所以，我们要好好分析这个案例，细细体会其教育原理。

首先谈谈周公。有很多的历史记载表明，周公是一个非常有爱心的人。在此仅举一例。当初武王伐纣成功之后，在如何处置殷商遗民和上层贵族的问题上一时拿不定主意。他首先问军师姜太公。太公的意见是统统杀掉。周武王又找来弟弟周公。周公说："让殷人在他们原来的住处安居，耕种原来的土地。争取殷人当中有影响有仁德的人。"后来，武王采用了周公的建议，殷商之地不仅民心安定，社会也迅速得到繁荣。周公对敌国的人民尚且如此仁爱，更不要说对自己的长子伯禽和侄子成王了。其实周公有很多儿子，独独挑伯禽入宫，足以见伯禽从小的品行和父亲对其之钟爱。所以，我一直在想这样的情景，当周公看到成王犯错时，却要鞭打品学兼优的爱子伯禽，面对年幼的长子那委屈而茫然的眼神，慈爱的周公如何下得了手呢？后来孔子对周公的行为作了这样的解释："作为大臣，如果牺牲自己的生命，对于国君有利，也可以实行。何况仅仅是身体力行地做些对君主有利的事呢?!"所以在孔子看来，周公之所以这样做是因为心中第一位的是对君王和社稷的责任和大爱。这样带有大爱的教育能否让成王懂得敬畏的道理呢？这对伯禽又有怎样的影响呢？

再来说说成王。在这样一位慈爱的长辈教育下，我相信成王和伯禽很可能是情同手足的好伙伴。但是当小成王自己犯错时，无辜的堂哥伯禽却要代其受鞭打。看到叔叔严厉惩罚伯禽，成王也一定会产生对长辈的敬畏。然而看到无辜的堂兄常常为替自己受罚，成王心里会对堂兄伯禽产生内疚，从而产生对兄长的尊敬。当然，小成王也会感受到叔叔周公这样做的无奈。在这份无奈中，成王可以感受到叔叔两方面的敬畏。首先是叔叔对规矩的敬畏：即便你是小皇帝，犯了错误仍要惩罚。其次是叔叔对你这个小皇帝的敬畏：既是君臣，即便是叔叔也无权责打你，所以只能让爱子替你受过。这份看似软弱的无奈，体现的却是规矩和爱的教育智慧。最后成王不仅自己成为一代明君，还把儿子康王培养成贤能的仁君。这就是中国历史上有名的"成康之治"。

最后来说说这样的教育对伯禽造成怎样的影响。自己没有任何过失却要挨打，应该说在这个过程中伯禽一定是很委屈的。他可以有很多自然的想法：父亲很不公平；父亲更爱堂弟成王；父亲爱弟弟们不爱我，独独把我召进宫当替死鬼；自己真是可怜，整个就是父亲培养小王子的牺牲品……这是典型的现代西方心理学对这个案例的分析，其结果当然是伯禽的心理受创伤甚至会变得畸形。但是伯禽不愧是周公的儿子，他小小年龄就有非常的智慧，能透过这表面的不公正而看到父亲内心的大爱。在这个过程中他非但没有心理受伤，反而学到了很好的敬畏的功课。除了对父亲和规矩的敬畏，伯禽也从父亲的行为中学到了对小君王（当时的玩伴）的敬畏。果然后来伯禽不仅成为成王的好帮手，而且在鲁国尊贤重德大施仁政。伯禽在位共46年，把鲁国治理成为著名的"礼仪之邦"。

掩卷长思，我不禁动容于周公的苦心大爱和教育智慧，而且对敬畏教育之重要有了更深的理解。孔子对这个教育案例，做了精辟的理论总结："知为人子，然后可以为人父；知为人臣，然后可以为人君。"无论为人父还是为人君，首先要学习的都是敬畏和谦卑。

需要指出的是，周公对成王和伯禽的敬畏教育不是停留在对教育者本人的敬畏，而是引申到对规矩和天理的敬畏。例如，当成王马上要执政了，周公特地写了《无逸》来告诫他要敬畏上天赋予的王位，不要重蹈覆辙像纣王一样荒淫堕落。当儿子伯禽要去封地鲁国上任时，周公是这样告诫伯禽的："我是文王的儿子，武王的弟弟，成王的叔父，我在天下不能算低贱了。但是我洗一次头常常几次握住头发，吃一顿饭常常几次吐出口中的食物，来接待求见之人，就怕与天下的贤人失之交臂。你到鲁地以后，千万谨慎，切莫以属国而骄横待人。"这就是"周公吐哺"这一成语的来源。在这个典故里，周公非常明确地用自己的例子告诉伯禽，现在你应该和我一样因为敬畏智慧而去尊重天下贤达之士。

在此，我们可以看出在中国传统教育中，非常强调对教育者的敬畏，但这种对人的敬畏，是敬畏教育的开始而不是终点。所以，在家庭教育中，孩子固然需要敬畏父母，但是作为被孩子敬畏的父母不要把这作为教育的目的，而是需要有一个神圣的使命，因着孩子对自己的敬畏最后把孩子带入对规矩和真理的敬畏。要完成这个神圣的使命，我们为人父母者自己首先要敬畏规矩。在第一章的为人父母的四项基本原则中，有一项就是和孩子共同成长。或许在孩子到来之前，我们对规矩还没有足够的敬畏。为了孩子的幸福，也为了自己的幸福，我们要重塑自己的敬畏之心，在孩子面前做一个好的榜样。父母自己有敬畏之心，这是做规矩的前提。

做规矩需要树立权威

在周公给文王做规矩的故事中周公之所以如此煞费苦心，无非就是想树立做规矩的权威。可以说周公一开始就抓住了做规矩的关键。在传统的中国家庭中，很多父亲都意识到这一点，而且会用平时的一言一行建立在孩子面前的权威。我在第三节里回忆我父亲做规矩时说过，由于父亲平时不拘言笑，一旦开始做规矩，孩子的心里就肃然起敬。正如孔子描述的那样："夫人言不发，言必有中。"后来朱熹进一步解释说："言不妄发，发必当理，惟有德者能之。"在中国的传统家庭中很多父亲都是如此，用自己的少言慎言和孩子保持距离树立权威。

需要指出的是，并非少言寡语就一定能树立权威，真正的权威还需要按理办事。就像孔子所说的"言必有中"，一说出来就击中要害。如果家庭中有这样的父亲，个性再顽劣的孩子在行为上都会有所收敛。就像《红楼梦》里的混世魔王贾宝玉一到父亲贾政面前也是战战兢兢、规规矩矩。这样的传统严父很自然让孩子产生敬畏之心。但是要做到这一点，对父亲的要求确实非常高。不仅要时时处处注意自己的行为举止，而且要隐忍对孩子的爱的表达。就像"狼爸"萧百佑所坦言的："都说孩子是父母的心头肉，面对心爱的孩子们，我唯有狠下心，做一个彻头彻尾的'严父'"。但是狼爸的这些要求和行为放在四五十年前的中国是再正常不过了。甚至还会被人指责对孩子太放任。例如，父亲可以给孩子钱，让他们自己去游乐场玩一天。这样的事情至少在我小时候是不可能发生的事情。反观现在的中国家庭，传统的严父越来越少，这也就是为什么狼爸的故事能在当代中国引起这么大的反响。我读了狼爸的《所以，北大兄妹》，除了对一些个别做法（例如，不让儿子发展生物兴趣）有所保留，对其基本的做法还是赞赏有加，特别是他通过树立权威和诵读经典让孩子从小心存敬畏。这是以后一切学习和做人的基础。

  反观现实，中国家庭中这样有权威的严父却越来越少。父亲们一个个都转型为慈父。需要说明的是并非一个慈父一定不能培养孩子的敬畏之心，只是现在很多的父亲对孩子的亲热行为已经超过了一个度，以至于没有任何做规矩的权威。在这里，我不得不再次强调颜之推在《颜氏家训》里的告诫："父子之严，不可以狎……狎则怠慢生焉。"我也见过不少俯首甘为孺子牛的父亲，一样可以保持理性、保持原则。这样的父亲自己对规矩心存敬畏。所以，不是只有传统的严父才可以做好规矩，有理性的慈父同样可以让孩子敬畏规矩。关键并不在于外在的教育形式，而在于为人父母者自己的内心有没有一颗真正的敬畏之心。

做规矩不能随便

除了平时的言行举止不能轻慢，为人父母在做规矩时的心态和准备都不能随便。下面我用吃饭为例说明如何做规矩。

很多时候当孩子不好的行为引起我们注意时，往往已经有一定的"历史"了。对于这样的行为改变，不是简单而随便做一次规矩就能够改变的。例如孩子不好好吃饭，第一次、第二次往往不能引起你的注意。只有当这一行为成为习惯时，你才开始重视。对于这样的情况，你不要匆匆上阵和孩子交锋，这可是一场大仗啊。所以我的建议是，你若没有充分准备好，就不要开始做规矩。宁可先让孩子这次暂且得逞了。若是你匆匆开始，草草了之，非但这个规矩不能做好，反而会影响到以后做规矩的权威。因为你的不认真让孩子对规矩失去了应该有的敬畏。

在开始做规矩之前，你要做很多的准备。首先要好好分析为什么孩子有这样的行为习惯，应该怎样解决。例如孩子不好好吃饭，多半是因为进食没有习惯，特别是零食随手可得。所以最好的办法是：饿他。很多父母还没有开始就担心了，不吃饿坏了怎么办？你看，还没有开始做规矩，你自己就开始犹豫了。在现实中如果你真这么做，孩子在还没有饿坏之前，早就乖乖吃了，因为饿了吃饭是正常的反应和行为。当然在具体的操作上我们还要做很多细节的准备。

首先，如果做规矩的人不止一个，你要得到其他大人的支持，特别是有老人的，要好好说明。有时候说服老人来支持你饿孩子一顿很不容易，尽管这些老人自己小时候常常挨饿。其次，要把所有的零食都处理掉，至少要放到孩子找不到的地方（最好处理掉，因为一个饥饿的小孩子找东西的能力往往很强）。有了环境的支持，你就要开始考虑做规矩的一些细节。例如怎样把你的规矩要求给孩子讲清楚，怎样控制自己的情绪。套用一个现代用词，孩子吃饭时你要对他实行"双规"：在规定的时间，用规定的方式进行。可以对孩子说："宝宝，你可以选择，要么这样吃饭，要么你就没有的吃。如果你这顿不吃，要过一个下午，我们吃晚饭的时候才能吃。"如果孩子拒绝吃饭，你不要训斥，平静地接受。但是说到做到。如果中间孩子说饿了，需要吃东西时，可以嘴软但不要心软。你可以说："宝宝肚子饿了，妈妈知道，因为宝宝没有吃中饭。但是，这是规定，妈妈也没有办法，我们看看还有几个小时我们就可以吃饭了。"这样讲孩子比较容易接受。如果你很得意地去奚落孩子："谁让你不吃中午饭的，你厉害啊，下次要听话啊。"你这是在激发孩子和你的对立和不讲道理。如果看到孩子开始有求于你了，一面训斥，一面给食，你既没有爱，也没有规矩。

另外需要指出的是，当孩子的行为有所改变时，一方面要理性地肯定，另一方面心里要有打持久战的准备。孩子的行为会反复，这是他在拷问你规矩的界限是否坚硬。但是第一次认真的规矩是一个良好的开端，也是最重要的一步。

有一位美国妈妈为了改变四岁孩子早上拖拉而影响上幼儿园的坏习惯，做了以下准备：先想好方法，让孩子选择：你可以穿好衣服，或者到了出门时间你穿着睡衣去幼儿园。接着她把可以想到的细节都做了准备。例如她知道孩子的嗓门很大，一有不顺就会尖叫，而隔壁又有一位多管闲事的老太太。这位妈妈就先和老太太事先讲好，明天听到孩子的尖叫或者看到她把挣扎着穿着睡衣的孩子抱上车时，不必打911。这位妈妈还是不放心，怕这位老太太搅局，自己事先给当地的警察打了电话，告诉警察明天可能发生的事情。最后，她和幼儿园的老师打了电话，告诉她明天有可能晚到。让她事先告诉别的孩子，看到她儿子穿着睡衣站在教室门口时，不要取笑他，而要鼓励或帮助他把衣服穿好。到了第二天，不管妈妈怎样警告，孩子还是我行我素，到了时间，妈妈说了声："宝贝，对不起，我们要走了。"就一把抱起穿着睡衣的孩子上了车，然后给孩子系上保险带。等车子到了幼儿园停车场，孩子哀求妈妈让自己把衣服换好再去教室，妈妈就接受了这个建议，等孩子换了衣服才把他送到教室里。这一次虽然波澜不惊，但是孩子明白了妈妈的规矩是认真的，从此就对规矩不敢怠慢。

另外，做规矩时和孩子要保持很近的距离。现在很多年轻的父母做规矩常常是距离很远就大声地喊叫，这样做规矩过于随便，而且容易情绪化。很多父母做规矩的失败就是因为随便。既没有平时的敬畏气氛，也没有铺垫，说做规矩就做规矩。父母自己这样的喜怒无常，不仅很难让孩子产生敬畏，相反很容易让孩子在心理上产生对抗，这样做规矩的结果就可想而知了。

做规矩是一件认真而神圣的事情，无论做规矩的心态还是准备，我们都不能随便。如果没有认真的准备，做规矩总是匆匆开始，难免草草收场，其情形就如同儿戏。就像纪伯伦在《先知》中所描写那样，"如同那你在海滨游戏的孩子，勤恳地建造了沙塔，然后又嬉笑地将它毁坏。"这样的结果是孩子对规矩越发没有敬畏，因为父母的行为已经明确地告诉孩子，做规矩可以是一件随便的事情。

做规矩需要有惩罚

如果说敬畏是做规矩的目标，惩罚就是规矩的底线。如果一个国家没有法律，这个国家就会混乱甚至无法生存。法律一般有三方面的功能：明示功能、预防功能、和校正功能。法律的明示功能主要是以法律条文的形式明确告知人们，什么是可以做的，什么是不可以做的。预防功能主要是通过法律的明示作用和执法的效力以及对违法行为进行惩治力度的大小来实现。其实就是警告你不要犯法。如果你还是做了犯法的事，法律就一定要实施其校正功能，通过法律的强制执行力来机械地校正社会行为中所出现的一些偏离了法律轨道的不法行为，使之回归到正常的法律轨道。简单地说就是要惩罚。如果离开了最后的校正功能，法律也就失去了前面两个功能的作用。惩罚是法律功能的基本保障。大的社会规范如此，小的家庭规矩亦然。如果离开惩罚，就谈不上规矩。只有惩罚，才能让人懂得敬畏。只有懂得敬畏才有伦理道德。正如法国哲学家里克尔在《恶的象征》里所说："经由畏惧而不是经由爱，人类才进入伦理世界。"

在家庭教育中很多父母常常舍不得让孩子接受惩罚。这样的结果就是让孩子失去对规矩的敬畏。例如，在教育孩子的时候，有的家长每次看到孩子认错了，就欢天喜地夸奖起孩子来，根本不会想到还需要惩罚。不错，孩子能够真心认错是值得肯定的，但不意味着就可以不要惩罚。如果一味如此，你就看到很多孩子变成这样的结果：一犯错就认错，认完错不改错。因为缺失了惩罚这一环节，规矩的警告功能也失效了。孩子的认错不仅不再发自内心，而且是把认错当做逃避惩罚的手段。这样的孩子长大了也会抱着侥幸的心态去触摸法律的底线，因为他们总觉得自己可以逃避惩罚。但是社会的法律规范是，如果犯法，即使你认罪，还是要伏法。也就是要接受法律的惩罚。所以，家庭的规矩和惩罚要和社会的法律保持一致。这样孩子走上社会就容易遵纪守法。就像孔子在《论语》中所说的：在家里如果能做一个敬畏规矩的孝子，长大后犯上作乱的可能性很小。

孩子可以打吗

认识了惩罚的必要性后，我们就要考虑如何给孩子惩罚。在惩罚的问题上，现代中国父母最纠结的一个疑难是能不能打孩子。这个问题不仅让父母纠结也让教育家们争论不休。

西方现代家庭教育研究曾对体罚（corporal punishment）做了很多大样本的研究。但是结果并不一致。由于这些研究主要依赖个人的回顾作为主要数据，所以就很难对体罚的影响这一复杂的问题有明确的回答。但是研究者都同意体罚的教育结果是受一系列因素影响的。很重要的一个因素是体罚者是不是带有强烈的情绪。另外文化和孩子的个性因素也会对体罚的结果产生影响。需要指出的是，即使在美国和其他西方国家也并不是一味地禁止家长体罚。在英语的谚语中也有一句：Spare the rod spoil the kid。直接翻译就是"如果你把棍子放起来不用了，你就把孩子宠坏了。"和中文的"棍棒底下出孝子"是惊人的相似。

现在美国的法律只允许父母拍打（spanking）孩子的屁股，而不能用棍子打孩子。而对拍打的定义是：拍打别人的臀部造成其暂时的疼痛但没有身体的伤害。这样的定义本身就有矛盾之处，难道疼痛就不是一种伤害？所以在实际执行中就会出现很多问题。但是这样的规定主要还是出于保护儿童不被虐待。如果体罚在孩子身上留下明显而长时间的痕迹，法律就要干涉，父母便有麻烦。这就比中国的法律严格得多。所以很多在美国的华人父母非常不习惯这样的规定，有时候还是忍不住要大动家法，也有不少惹上了官司。我认识一个华人妈妈有一次对我说："在这里我又不能搧他（耳光），所以我只能掐他屁股。"我马上制止她说："你掐他屁股一定不要留下痕迹，否则如果你儿子告你，你就很麻烦。如果你真要惩罚他，根据美国法律你只能搧他屁股，而且不能太重了。"没想到这位妈妈几乎快要哭出来，摇着头说："不行啊，这样打不解恨啊。"我觉得这位妈妈自己还是一个没长大的孩子。这样的家长确实应该受到法律的限制，因为她体罚孩子不是为了教育，而是为了发泄自己的愤怒。我觉得这样的体罚即使不留下痕迹也是虐待，需要被禁止。但法律在很大程度上只能依赖可观察的行为，而不能依赖人的动机和意念。所以法律不是教育的最高境界，而是不得已的限制手段。

美国的《儿童保护法》是在1975年才得以通过的。在很长的一段历史时间内，美国和其他西方国家中，体罚孩子还是被提倡的。特别在基督教文化中，认为人生而带有原罪，需要用惩罚把孩子的意志打碎（break his will）。在基督教文化中，有一位母亲的地位如同中国文化中的孟母，她就是苏珊娜·韦斯利。和孟母一样，苏珊娜用严厉的教育智慧培养出两位出色的儿子，卫理公会派的创始人约翰·韦斯利和查理·韦斯利。在一封信中，苏珊娜教导儿子约翰·韦斯利应当这样做父母：

当孩子哭闹着要东西时，无论其要求大小，绝对不能有任何给予。不然你的教育就前功尽弃。让他做你所吩咐的事情，为了让他顺从，即使需要鞭打十次也是值得的。不要因为有人说这样做残忍而动摇，真正残忍的是你不这样做。趁现在把他的意志打碎，他的灵魂才能得以挽救。这样他或许会祝福你直到永远。

苏珊娜是位虔诚的基督徒，她这种严厉教育的理念和方法来自《圣经》中人生而有罪的原罪论。若有原罪，我们必须用体罚吗？《圣经》

中对体罚孩子有明确的论述吗？是的，在《圣经》的《箴言》一章中对这两个问题有非常明确的回答。

"杖打和责备，能增加智慧；放纵的儿子，使母亲羞愧。"

"不忍用杖打儿子的，是恨恶他；疼爱儿子的，随时管教。"

"不可不管教孩童；你用杖打他，他必不至于死。你要用杖打他，就可以救他的灵魂免下阴间。"

这三处经节都非常直白，如果你爱你的孩子，你就要通过杖打来管教。这样做不仅能拯救孩子的灵魂，也能增加孩子的智慧。

犹太人的"杖"和中国人的"家法"

在全世界各民族的教育中,最让我肃然起敬的是犹太人的教育。这个受尽磨难的民族才一千多万的人口(约占世界人口的千分之二),但它却从各个方面向世人展示了他们的教育智慧和成就。历史上诺贝尔奖获得者有22%是犹太人,"二战"以后美国诺贝尔奖获得者中有将近50%是犹太人。而犹太人的家庭教育遵循的恰恰是《旧约圣经》。他们的教育成就不得不让我们认真思考《圣经》中这样的教导。

上面提到的《圣经》中的三处经节都提到要用"杖打"来体罚孩子。无独有偶,在中国古代家庭教育中也有一根用来打孩子的杖,叫家法。我想这不是一个巧合,杖的作用也不是要让父母打起来省力一点。杖和家法有着非常严肃的象征意义和重要的教育效用。

中文的"家法"一词很明确地表达了这根杖是象征着规矩,象征着法。父母用杖而不是用手打孩子,是要传达两方面的重要信息。首先,是规矩要打你,而不是父母要打你。你挨打是触犯了规矩。其次,象征着规矩的杖是在父母之外,在父母之上的。所以通过杖打是要建立孩子对规矩的敬畏而不是对父母的惧怕。相反,如果直接用手打孩子不仅太随意,而且很难让孩子明白这个重要的道理。

就像法律其最根本的目的不是惩戒,而是通过惩戒来警示人们,让人对法律有敬畏之心。同样，打孩子也不是教育的最终目的，而是培养孩子对规矩的敬畏。所以这根象征着规矩的杖是神圣而有权柄的。在中国传统家庭中的家法有两个重要的特点，首先家法是专物专用的，这样的分别就是为了体现它的神圣。其次家法常常固定放在家里一个醒目的位置。其目的就是要孩子进进出出能常常看见这根家法，每看到一次，就受一次警示，受一次震慑。直到最后内心产生这样的一根无形的杖而实现自律。你不可能拥有孩子一辈子，你管教孩子的权柄也是暂时的。当孩子慢慢长大，我们的权柄也在渐渐失去。所以在有限的管教时间里，父母要努力用神圣的权柄帮助孩子从对规矩的他律转变成自律。

小小的一根杖不仅有那么丰富的教育含义，也让我们看到中国传统的教育观点和方法与《圣经》的教导有惊人的相似。

虽然杖在体罚孩子中有那么重要的作用，但是千万不要误认为只要用杖就一定能教育好孩子。现实中有很多父母用杖打孩子却失败的案例：尽管用杖打孩子，但最后孩子对杖对规矩仍然没有丝毫敬畏。甚至有个别父母用棍子把幼小的孩子打成了残废。这些失败的案例和悲剧有一个共同的原因，那就是父母对规矩就没有一种理性的敬畏，他们体罚孩子完全是为了发泄自己的愤怒。用怒气体罚孩子首先没有积极的教育效果。因为你的怒气也会让孩子失去理性而变得极度的恐惧或愤怒。在这样的极端情绪中孩子是没有任何的学习能力的。更重要的是，这样的体罚已经不再是教育而是发泄，是权力的滥用，是对神圣规矩的亵渎，是犯罪。所以，要对孩子做好规矩，父母首先要敬畏规矩。如果自己没有敬畏，再用杖打也没法打出孩子对规矩的敬畏。

怎样打孩子

　　通过上面的讨论，也根据我自己成长的经历（见第三章），我对打孩子的观点非常明确，孩子可以打，也应该打。但是对父母的要求却很高。

　　第一，打孩子不能带有愤怒。很多父母对此很不理解地说："如果我不生气了，干吗还要打孩子？"如果是这样，你应该先问问自己究竟为什么要打孩子？然后判断一下自己这样打孩子究竟是教育还是犯罪。在现实中，你很想打孩子的时候，往往是不能打的时候，因为你有愤怒。而你愤怒过后不想打孩子的时候却是你应该打的时候，因为规矩不能随便拿掉。所以，我们做父母的在打孩子的时候是身不由己很无奈的。但正是这份无奈，可以让孩子明白规矩在父母之外、在父母之上的道理。正是这份无奈，让孩子看到父母对规矩的敬畏。正是这份无奈，让孩子看到父母对自己的爱。

　　第二，打孩子不能用手，而要用杖。用杖的道理在前面已经讲述得很详细。在这里再补充一点。很多父母在打孩子的时候往往有很强的情绪，如果用手打孩子这是用发泄替代教育，而且很容易对孩子造成身体的伤害，我自己小时候就体会过父母情绪失控时，那瞬间力量的可怕。很多时候不仅孩子受伤害，父母事后也非常愧疚。如果用杖打孩子，哪怕我们只是去伸手拿杖，短短的几秒钟时间有时也能帮助我们冷静下来。

第三，打孩子之前需要用语言交流。所以打孩子一般是在孩子能够进行语言交流以后才开始。因为要用语言清楚而理性地告诉他为什么要打他，打几下。这个语言交流的过程对父母要求很高，甚至需要有专门的训练。简单地说父母要控制情绪，言简意赅，但是态度要坚决。我常常对为人父母者说，要学会一种说话的能力：轻声轻气说重话。

第四，打孩子需要有爱。当我们没有愤怒时，打孩子变得如此艰难无奈，这份无奈体现的是我们对孩子肉体的爱惜。当我们带着这份无奈不得不打的时候，体现的是我们对规矩的敬畏和对孩子灵魂的大爱。

怎样用爱打孩子

在美国有一个华人叫刘志雄，毕业于耶鲁大学。刘先生不仅在事业上很成功。在教育孩子上也很有研究和心得。他有两个孩子，一个儿子一个女儿。女儿的教育很顺利，后来去了著名的沃顿商学院。但是顽皮的儿子在教育上给这位爸爸出了很多难题。

刘先生十分注重对孩子的规矩教育，从小就给孩子立了很多规矩。每当儿子破坏规矩时，刘先生就拿出家法惩戒孩子。让刘先生沮丧的是不管怎样惩罚，孩子还是那样调皮。但是有一次的杖打彻底改变了这个孩子对规矩的态度。

有一次，刘先生快要去上班了，却发现调皮的儿子蠢蠢欲动要做一件很不好的事情，于是他特地告诫儿子不要做这件事情，否则爸爸不会放过他。结果，他一出门，孩子就做了这件事情。回来后，刘先生回家第一眼就看到了这样的结果。他非常生气，便质问儿子："我这样告诫你都不行，你说怎么办？"

"打呗！"他儿子很冷漠地回答道。

刘先生听到这两个字心都碎了。他事后说："我从他这两个字中听出了他对权威的蔑视和对规矩的不屑，我以往对他的规矩教育彻底失败。"

刘先生忍住怒火走进自己的房间。他先用祷告使自己的心平静下来，然后反思自己的教育到底哪里出了问题。思索良久，最后他叫来儿子，蹲下来看着孩子的眼睛诚恳而又坚决地告诉他："爸爸要给你说四句话。"刘先生见儿子还是一脸冷漠，就继续说："第一，爸爸爱你。第二，即使爸爸爱你，也不能把规矩拿掉。第三，你做错事你有责任，爸爸也有教育的失职。第四，以前你做错事爸爸都是让你承担责任，今天爸爸替你来承担这个规矩的惩罚！"说完以后，刘先生就把家法拿来，当着儿子的面开始打自己，平时打孩子多重，这次就打自己多重。第一下打下去之后，孩子脸上冷漠的神情突然不见了，第二下打下去之后，儿子"扑通"一声跪倒在地，抱着爸爸的腿哭着说："爸爸，是我错了，请你打我，不要打自己。"刘先生对孩子说："孩子，爸爸谢谢你，但是，今天这个责任，爸爸来承担。"打完后，他自己也情不自禁，结果父子两个人抱头痛哭。从此之后，他就发现儿子不仅对爸爸更加尊重，对规矩也开始敬畏。刘志雄先生最后总结说，这次规矩之所以有效，因为这次规矩中孩子真正感受到了爸爸对自己的爱。

2000年的夏天，我在纽约听了刘志雄先生的讲座，分享了他自己这个案例。当时我们很多人听完都流下了眼泪。十多年过去了，我常常回想这个案例，从中悟出了很多感想。

首先，这就是一个带有爱的规矩。很多时候我们明明地告诉孩子，我们做规矩是因为爱他们。但是孩子仍不以为然，因为他们没有感受到。所以不要光觉得自己心里有爱，而要努力在规矩中过程真正让孩子感受到你的爱。因为替孩子接受规矩，刘先生的这次规矩教育让孩子真真切切地感受到了爸爸的爱。

其次，这次规矩让孩子看清楚了爸爸对规矩的敬畏。即使爸爸爱自己，也没有能力把规矩拿掉。所以刘先生是因着对孩子的爱，让孩子看到爸爸对规矩的敬畏。这样爸爸用对孩子的爱把孩子带到了规矩面前，

123

用自己对规矩的敬畏让孩子明白孩子自己和规矩的关系。我们说建立孩子对规矩的敬畏才是我们教育的目标，而只有爱才能让我们实现这个目标。

再次，有时候为人父母给孩子做规矩真是无奈。但是不要怕这样的无奈会暴露自己的软弱。这种真诚的软弱会让孩子真正感受到父母对他们的爱，也能帮孩子明白我们对规矩的敬畏。这是伟大的软弱。这让我想到《太公家教》中的两句话："欲求其强，先取其弱；欲求其刚，先取其柔。"

在很多的场合中，我把这个伟大而又软弱的案例和很多国内的家长分享，很多父母也和我一样深受感动。但是也有一些父母不以为然地说："这不就是个苦肉计吗？"错！教育孩子绝对不能用计，只能用情，用爱。

打孩子是一种教育艺术，是对我们爱的检验。打孩子不仅对我们父母的要求很高，而且需要平时培养孩子对父母和规矩的敬畏。所以每次讲座之后，我总是告诫父母不要在不具备条件的情况下就去打孩子。但总有一些爸爸急着去尝试，下面我把一些有代表性的爸爸和他们的问题列在下面，希望对读者有帮助。

有一位爸爸听了我的讲座以后非常兴奋，回家第一件事情就是特制了一根家法挂在墙上。然后把五岁的儿子叫到家法下面，指着家法说："这个是家法，象征着规矩。"几乎是把我讲座上的话对儿子复述了一遍。谁知，第二天下班就发现家法不见了。尽管爸爸很兴奋、很认真，但是他在儿子面前还没有树立最基本的权威。

有一位山东的警察爸爸，平时对孩子就很有权威，但是施行家法也失败了。当我和他交流了一些细节以后，发现问题出在情绪的控制上。例如，在教育过程中这位爸爸虽然明确地说："听着，不是我要打你，是规矩要打你。"但是这句话却是带着愤怒吼出来的。孩子和大人一样，首先听到的是说话者的态度,其次才是内容。所以孩子从爸爸的态度中得出的结论还是"你要打我"。

有一位爸爸有一定的权威,也能控制自己的情绪。但是不能控制自己的啰唆。当他讲完,要打孩子的时候,孩子觉得很奇怪,说:"还要打啊?"所以在做规矩时,一定要言简意赅。啰唆不仅浪费时间,也消耗权威。

第五章 如何做规矩：人之初，规矩始

做规矩要从孩子出生开始，
越晚效果越差，代价越大
做规矩要有一致性
做规矩要有爱
中国传统的严厉规矩更需要爱

做规矩要从孩子出生开始

什么时候需要开始对孩子做规矩呢？

我有一对夫妻朋友，对儿子总是百般疼爱，即使想做规矩也于心不忍，再加上有爷爷奶奶的呵护，一直到孩子读小学都没有好好做规矩。儿子聪明过人但也调皮过人，在学校经常惹祸。孩子在学校里有了问题，爸爸妈妈就常常被老师叫到学校去。现在有的小学老师也确实很厉害，不仅对孩子严厉，对父母也不留情面，甚至会当着孩子的面在办公室里责问父母："你们是怎么给孩子做规矩的？"被老师这样责备，做父母的当然面子挂不住了，所以痛下决心要对孩子做规矩。一下子从慈父慈母转成了狼爸虎妈。不但孩子不能适应，父母和爷爷奶奶也常常吵架。显然，读小学才开始做规矩实在太晚了。

从孩子上幼儿园开始做规矩呢？也太晚了。我曾经听很多幼儿园老师说过，很多孩子的问题是在开学第一天就从家里带来了。如果父母在孩子入园以前没有好好做规矩，不仅入园的适应慢，而且会产生很多新的问题。儿童心理学的跟踪研究也发现2~3岁儿童的很多不良行为往往会带到他们以后的人生阶段。俗话也说：三岁定到老。而三岁之前的行为正是在家庭里形成的。现在，我们常常看到两三岁的孩子，因为父母没有做基本的规矩，其行为已经变得非常可怕。有一位妈妈在我的博客上曾告诉我这样一件事。

我的女儿现在两岁三个月，对于所有的玩具都表现出不爱惜的态度；对于长辈没有表现出我所要求的尊重；对于没有满足她的要求，表现出极度的反抗。就说今天吧，现在的年轻父母都会有自己的社交，我们在瞒着她的情况下出门了，回到家，她果然没有睡觉。看着我们进门，在客厅坐定，她表现得很冷漠，然后拖着外公去他们的房间睡觉。可就是在昨天，还一定要和我们睡一个房间的。我尝试去牵她的手，被一把打开。

这个孩子才两岁三个月，这么大的孩子到了晚上睡觉的时间在客厅"坐定"实在不是一件容易的事，这说明这个孩子非常有决心，她要做的事情一定要做到。就像妈妈反映的那样"对于没有满足她的要求，表现出极度的反抗"。她显然不是一个人在战斗，外公也在陪着她。她要做的事情非常简单，那就是要让父母感受她的愤怒。当父母终于开门进来时，我估计这位母亲一见这个情形就会一脸歉意，想用让孩子同自己睡觉为自己"瞒着她"的行为赎罪。没有想到孩子还是不依不饶，把妈妈的手一把打开，拖着外公去自己的房间睡觉。这个孩子真的可怕，你没有满足她，她就要报复你。

其实心理学家早已发现，孩子的报复行为不仅出现得很早，而且他们的报复行为往往会体现出一些不符合他们年龄的超强的认知能力。例如，有一个一岁两个月的弟弟因为三岁的姐姐不让他玩那些彩色字母。小弟弟先是哭，发现哭没有用，就跑到沙发上把姐姐每晚抱着睡觉的玩具娃娃抓起来，对着姐姐使劲捏玩具娃娃，直到姐姐号啕大哭。这个弟弟的行为和前面的那个两岁三个月的女孩如出一辙，他们小小年纪不仅要报复，而且竟然知道你最爱什么，然后通过伤害你最爱的东西让你心痛。这种邪恶的意念和行为似乎是不需要人教的。

由于没有规矩，才两岁三个月，这么小小的年龄（甚至更早）心里就充满了苦毒：自己感觉很苦很委屈，做出来的行为却非常狠毒。这样的孩子长大会有感受幸福的能力吗？当我静下心来反思一番这个两岁三个月的孩子的所作所为时，心里一惊，她的行为不就是在给父母做规矩吗？而且马上见效。估计这位妈妈会牢记这次教训，下次再也不敢"瞒着她"出去社交了。这样的现实分明是在提醒我们一个简单的道理：如果你不给孩子做规矩，孩子就一定会给你做规矩。孩子今天给你做了规矩，明天就要对这个社会做规矩。

看来两岁做规矩也太晚了。那到底什么时候开始做规矩呢？在中国的谚语中就有这样一句话："教妇初来，教儿婴孩。"意思是说调教媳妇要从媳妇刚刚嫁进门的时候开始，教育孩子要从婴孩的时候开始。但是婴孩还是一个模糊的概念，0~2岁差不多都可以算作婴孩。《汉书·贾谊传》说得稍微明确些："故自为赤子而教固已行矣。"所谓赤子原意是刚出生的孩子。"对什么时候开始对孩子做规矩"解释得最符合现代科学的是颜之推。在《颜氏家训》中是这样说的："当及婴稚，识人颜色，知人喜怒，便加教诲，使为则为，使止则止。比及数岁，可省笞罚。"颜之推提出在"婴稚"就可以做规矩，而且解释说因为孩子那个时候已经可以看懂父母喜怒的脸部表情，这样就可以通过交流教诲孩子"使为则为，使止则止"。这是非常有道理的。因为能做规矩的前提是能和孩子交流。但是颜之推所说的这个婴稚到底是多大呢？大家只能凭自己的观察和经验来做决定。虽然颜之推提出了一个很好的观点，但是婴儿"知人喜怒"的年龄确实很难确定。心理学家发现刚出生几分钟的婴儿就能用非常微弱的视觉能力看到父母脸部的表情并且会有意识地模仿。到了三个月，婴儿就能辨别微笑（喜）和皱眉头（怒）的表情。

所以，根据颜之推的理论和现代心理学的研究，三个月就要开始做规矩。但是我认为还是太晚了。规矩应该从出生开始。

看着新生儿朦胧迷离的眼神，你或许会不解地问：他们除了吃和睡还什么都不懂,需要做什么规矩啊?

这样的说法问题多多——首先,新生儿不是你想象的那么无能(譬如刚出生的孩子就能认得自己母亲的脸和声音),当然他们的表达能力有限,所以合理地说,只是我们不知道他们知道什么,而不是他们什么都不知道;其次,退一步说,新生儿只知道吃和睡,那么人生规矩就应该从婴儿的吃和睡开始做起。越来越多的研究证实,能否成功地在婴儿的吃睡上设定界限、建立规律,不仅会关系到他小身体的健壮,而且也会影响到他智力和行为的发展。譬如在一项极具权威的儿童智力研究中,心理学家认为那些智力超常的孩子都有一个共同点:那就是他们都有一个良好的睡眠规律和睡眠质量。相反,美国国家心理卫生中心(National Institution of Mental Health)和其他心理学家也发现,早期儿童的多动症与婴儿期不规则的睡眠习惯有密切的关系。所以,能否做好人生的第一个规矩,不仅对宝宝的成长很重要,而且也会影响到父母今后给孩子做规矩的意识和信心。

在美国有一本家喻户晓的育儿书《零岁开始》(Becoming Baby Wise),非常详细地介绍了这人生第一个规矩的重要性和操作方式。我把其中的精髓和其他的方法相结合,把如何做人生第一个规矩的方法介绍如下。

人之初，规矩始（1）：吃的规矩

接下来的问题是我们要为出生才几天或几星期的幼小生命做怎样的规矩。这个规矩很简单，就是建立"吃——玩——睡"有节律的日常生活规律。这三段活动是密切关联的，为方便起见，先分开来说明。

在这三项活动中，吃是父母最有控制能力的。所以从某种意义上说，最早的规矩从规律的喂养开始。无论你是母乳喂养还是人工配方奶喂养（如果是母乳喂养，有规律的哺乳还能帮助母体产乳规律化），都要尽快建立每日有规律的喂养。一般来说，在刚出生的前8周，每天的喂奶次数为7~9次，每次间隔为2.5~3小时。这个间隔时间包括一次的喂奶过程所用的时间。

做这个最初的规矩有两个方面需要注意：

首先，不要不忍心叫醒睡着的宝宝。有时候间隔了2.5个小时，宝宝还在睡觉，这时很多父母会于心不忍。其实你不妨轻轻地将宝宝拨醒喂奶。如果实在睡得很沉，就再等半个小时。不要太担心弄醒宝宝，因为大部分宝宝吃完了，还会很快睡觉。但是不要让宝宝在吃奶的过程中睡着，所以要一边喂奶一边和宝宝说话。这不仅能帮助宝宝在吃奶的过程中保持醒的状态，还有利于他的智力发展。因为现代研究发现，温柔的人类语言（特别是来自妈妈的）是宝宝最喜欢听的声音。从第5周开始渐渐拉长夜间的喂养间隔,如果是人工喂养,可以让孩子睡到自然醒。如果是母乳喂养,夜间间隔不要超过5个小时。到了第7周后渐渐拉长夜间哺乳间隔。

其次,不要宝宝一哭就喂奶。宝宝的哭有很多原因,不要把喂奶当做万能钥匙。虽然有时候可能会暂时解决问题,但是付出的沉重代价却是最初规矩的失败。最近西方有些细心的妈妈发现婴儿在饥饿、困乏和身体不舒服时发出的哭声很不一样。他们在研究后总结出一些特点让别的妈妈尝试,结果发现不是所有宝宝的情况都符合这些特点。这些细心妈妈的研究给我们一个重要的启示,那就是我们要好好观察孩子的行为,不要总是用我们大人有限的简单理解去解决孩子复杂的问题。

如果宝宝的哭是因为困了,最好的方法是把宝宝放到一个他最喜欢的环境:妈妈的子宫。根据这一原理,美国加州大学洛杉矶分校的儿科专家哈韦·卡普博士(Dr. Harvey Karp)创立了新生儿(0~3个月)止哭方法——5步绝招。金宝贝早教中心已经把这个神奇的方法介绍给中国父母,并将此方法称为"宝宝不哭"。现将宝宝不哭的5个基本步骤简单介绍如下。

步骤一:襁褓法——裹紧带来安全感受

襁褓法是让宝宝镇静下来的基石。千百年来很多母亲都用襁褓来包裹宝宝,因为能够让宝宝感觉像是重新回到了子宫,仿佛又被紧紧地裹在子宫壁内,获得被保护的安全感。有人会认为紧紧包裹起来会让宝宝哭得更厉害,但一旦宝宝的胳膊被包裹起来,你会发现与手脚没有束缚的乱动乱踢相比,宝宝更喜欢被束缚。

襁褓法实施起来很容易,但你必须通过练习,掌握一些实际的技巧,比如在包裹的时候,要把胳膊裹得紧紧的,绝不能把婴儿的腿拉直。因为只有准确的包裹才能奏效,要严格按照"下、上、下、上"的顺序,通常在5~10次练习后,才能够变得驾轻就熟。

步骤二：侧卧或者俯卧法——让宝宝感觉舒适

平躺向上是宝宝在睡觉时的最好睡姿。但要安抚宝宝，侧卧或者俯卧是最有效的。

但"卧的角度"非常重要。抱的姿势只要稍稍有所偏差，比如稍向前约一英寸，宝宝就哭闹了，稍向后一英寸，就立刻安静下来。大多数宝宝在心情愉快时并不介意自己躺在哪儿。可一旦哭闹的时候，如果父母还让他平躺，会使他觉得自己摔下来也无人理睬。这样会刺激他的莫洛生理反射（一种重要的残留反射，如果婴儿感觉被摔下或者在下落时，就会起作用），手舞足蹈发出尖叫。因为侧卧或者俯卧的姿势能够迅速关闭莫洛生理反射，消除被摔下来的恐慌感。

步骤三：嘘声法——宝宝最喜欢的声音

对成人来说，发大声的嘘声可能看上去很粗鲁，但在宝宝的语言里，发嘘声表示"我爱你""不用担心，我一切都很好。"世界上有很多种噪声能够安抚坏脾气的宝宝。打开收音机，频道间电波干扰的噪声、吸尘器或是吹风机带来的噪声，你可能认为这些声音都太大，但宝宝在子宫里听到的声音比吸尘器发出的声音都要大。因为你的心跳、肠胃的蠕动都是通过液体传到子宫内宝宝的耳中。所以宝宝在出生前已经习惯而且喜欢这样的噪音。听到这样的噪音会让宝宝感觉又回到了妈妈的子宫里。

步骤四：摇晃法——根据宝宝的需要有节奏晃动

有节奏的晃动对新生宝宝非常管用。保持宝宝的头不受束缚，然后小幅度地轻微摇晃，就像宝宝 24 小时在子宫里感觉到的，可以启动宝宝耳中的"运动感官"，从而激活安抚反射。即使轻微地晃动一整天，也不会伤害你的宝宝。事实上，会让宝宝感觉非常舒服和放松。聪明的母亲都知道宝宝哭闹时，快而有力的晃动比缓慢温柔的动作能更快地使宝宝安静下来。当然，晃动的方法需要反复练习，否则因过度剧烈的动作易引发"头部受伤综合征"。晃动法的原理很简单：宝宝在妈妈的子宫里就是在晃动中发育的。

步骤五：吮吸法——吮吸是最大的安慰

宝宝在预产期前 3 个月就开始练习吮手指了。把你的手指放在婴儿的嘴巴里，或是给他一个奶嘴，因为吮吸不仅能够缓解宝宝的饥饿感，更重要的是吮吸时会激活大脑深处的镇静神经，启动宝宝的安抚反射，使大脑释放出某种化学成分，几分钟之内就会产生松弛感，将宝宝带入深层次的松弛状态。

人之初，规矩始（2）：玩和睡的规矩

宝宝醒着的时候，你要和宝宝有很多肢体和语言上的交流。一般来说，出生一周以后，宝宝醒的时间会越来越规律。随着喂养间隔的增长，和孩子玩的时间也要慢慢增加。不要担心对孩子过早唱歌和讲故事。愉快充分的交流不仅能帮助宝宝情感、语言、智力的发展，而且对接下来的睡眠也有很大的帮助。当然，不能一时兴起，按自己的喜好无限制地逗宝宝，任何时候都要记住"吃—玩—睡"的总节律，不要让宝宝在接近睡眠时间时太兴奋。

成功地建立喂奶规律是宝宝良好睡眠的重要前提。在对520名婴儿的调查中发现，无论婴儿性别如何，无论是母乳喂养还是人工喂养，超过80%的宝宝能在第7~9周时一觉睡到天亮（夜间睡眠7~8小时不间断）。到了第12周，超过96%的宝宝就能一觉睡到天亮了。

在睡眠的训练上，中国父母面临的最大问题是和宝宝同床共眠。这种习惯不仅会造成不少宝宝突然死亡的悲剧（被压或窒息），而且不利于宝宝的睡眠。很多中国妈妈和宝宝睡在一起是为了满足自己的需要，哪怕闻着宝宝的体味入睡也是莫大的享受。但是为了这个享受，你的孩子却要付出很大的代价。你让宝宝在睡眠上养成了对你的依赖，这不仅剥夺了宝宝与生俱来的独立自然入睡的能力，而且会造成将来很多行为和情感发展上的问题。从这个角度来说，很多中国孩子的教育在出生一开始就输在起跑线上了。

其实做规矩的道理大家都知道，但是面对自己可爱的宝宝总会觉得于心不忍，认为规矩可以以后再做。但是为了宝宝的未来，我们还是要做到"人之初，规矩始"。这一开始的规矩虽然是行在宝宝的身上，但有时候是做在父母的心里。看来，要给孩子做规矩，父母必须首先要改变自己，从心里接受规矩。

规矩的一致性之一：同一教育者之内的一致性

有效的规矩一定是一致的规矩。但是在家庭内要做到规矩的一致却非常难。首先，作为教育者个体的父母，在不同的情形下，对孩子的教育和规矩往往也有不一致。例如，有的父母自己心情好的时候孩子做什么都可以，但是自己心情不好了，孩子一句话就会勃然大怒。这样做规矩的效果可想而知。其次，即使有的父母自己在规矩的一致性上做得很好，但是因为和别的教育者的规矩常常冲突，孩子不是无所适从就是从中渔利，逃避该接受的规矩。所以，规矩的一致性是一个有效规矩的重要保障。下面我们就从教育者之内和教育者之间两个方面探讨如何做到规矩的一致性。

由于父母的认知和行为往往受环境和情绪的影响，给孩子做规矩时往往会不一致。严格地说，任何一个父母在规矩上或多或少都有不一致的地方。就是因为有这样的软弱，为人父母需要首先敬畏不变的规矩和原则。为了做到尽可能的一致，除了父母自己常常需要反思，在实际操作中不妨注意以下三点。

第一，把重要的规矩写下来。就像法律必须写下来，规矩也要如此。这样既可以时时提醒自己，也能帮助家庭其他教育者统一对孩子的行为要求。在美国和英国有一个很有名的电视节目叫《超级保姆》。栏目的女主持人弗洛斯特，人称"超级保姆"，曾经接受过严格的家庭保育员的专门训练，有长达 21 年照料孩子的经验。她常常跑去一些管理混乱不堪的家庭，手把手地帮助父母给孩子建立规矩。然后用纪录片的方式展示给观众看整个过程。这档节目我看了整整一年，并对一些录像作了分析。虽然对一些戏剧性的结果有保留意见，但是对节目中很多好的做规矩的方法大为赞叹。其中有一个做规矩的步骤给我很深的启发，这个步骤就是把规矩写下来的过程。进入这些家庭后，在观察了情形之后，超级保姆做的第一个干预就是把急需要解决的几个重要规矩写在一张很大的纸上，然后召开全家大会，告诉每个孩子需要遵守的规矩和违反规矩会导致的惩罚。当孩子第一次触犯规矩的时候，提出警告。第二次就直接实施惩罚。第一步的工作——把规矩写下来，不仅让孩子感到规矩的严肃性，也帮助父母做到规矩的一致。这张写有规矩的大纸还有另外一个用途，当孩子入睡后，超级保姆就和父母一面回顾白天孩子的行为录像，一面按照纸上的规矩来检验父母做规矩时是不是也和所写的一致。刚开始的时候规矩不必面面俱到，但是每一条规矩都要具体，惩罚也要明确。当然，如果孩子这方面做得好，也不要忘记表扬。

第二，控制自己的情绪，仔细分析孩子的行为，按孩子的行为动机来决定惩罚。前面讲过，很多父母都随着自己的情绪来做规矩，这是做规矩的一个大忌。著名儿童心理学家皮亚杰曾经用一个道德两难的故事来测试儿童的道德认知水平：汤姆去偷糖果吃，不小心打碎一只盘子；约翰去帮妈妈洗碗，不小心打碎十只盘子，你说谁更坏？年幼的孩子大都说打碎十只盘子的约翰更坏，因为他打碎十只盘子闯了大祸。十岁左右的孩子会说打碎一只盘子的汤姆更坏，因为他是去偷东西吃。所以皮亚杰认为孩子差不多到十岁后就会从别人的动机来判断行为的性质。然而，我却发现很多家长在给孩子做规矩时就像不到十岁的孩子，眼睛只看见外在的行为结果而看不见孩子的动机。例如孩子一不小心打碎一只盘子，爸爸会说："不要紧，宝贝小心手啊。"但是如果有一天孩子不小心把爸爸珍藏的一个昂贵的古董打碎了，这时候，有的爸爸就不由分说地一个巴掌上去了。在这两种情况中，孩子行为的动机可能没有两样，但是爸爸因为自己对行为的感受不一样，处理起来截然不同。按照皮亚杰的理论，这样的爸爸是不是道德认知水平很低啊？所以，做规矩的关键还在于家长能不能先控制自己，情绪能大大降低我们对事物性质的判断能力。所以若是规矩随着情绪来，就不稳定、不一致。

关于控制情绪做规矩，我要特别举一个正面的例子。我在美国的大学同学聚会时，一位女同学告诉我这样一件事。很多年以前，她为儿子买了一架崭新的钢琴。那天琴行的工人把钢琴运到她家门口，然后把闪闪发亮的钢琴放到指定的位置。我同学就给了送这些搬运人员一些小费并把他们送至门口道别。当她回来走回屋内被眼前的情形惊呆了，年幼的儿子爬在琴凳上兴高采烈地在钢琴表面用带齿轮的玩具汽车来回地划着。她不由自主地"啊"了一声，孩子被吓了一跳，回过头来问："妈妈怎么了？"孩子的问题让她马上恢复了理性，走过去，慢慢地一边把孩子抱下来，一边说："宝贝，汽车在下面玩，不能在钢琴上玩。你看钢琴受伤了，它很疼很疼的。"我同学事后告诉我，其实那个时候是她自己的心很疼很疼啊。很多年过去了，现在她的儿子已经上大学了，那些伤痕还留在钢琴上。我同学很自豪地说："这是我控制情绪最好的一次，我让伤痕只留在钢琴上，没有去把它刻在孩子心上。"不仅如此，我想当儿子长大懂事以后，看到钢琴上的伤痕很有可能会想起妈妈有多伟大。控制情绪竟然可以让钢琴上的伤痕成为母爱的见证。

第三，对不同的孩子要有公平的规矩。注意，这里我用的是"公平"而不是"一致"。什么是公平？公平不是一致对待，而是按照"所应该的"分别对待。近几年，随着国内计划生育的政策松动，有第二个孩子的家庭越来越多。由于传统文化中有着长幼之分，所以规矩的一致性在多子女的家庭教育中就体现在给长幼不同的孩子各自应该的规矩。

很多父母天真地认为有了两个孩子彼此就不寂寞了。殊不知这也会对教育有新的挑战。这里我想提醒我们的爸爸妈妈两件事。第一，帮助老大顺利完成由独生子女到非独生子女的过渡。第二，当孩子大一点后，要公平处理两个孩子间的冲突。公平的原则就是：护大不护小。

先谈谈老大的过渡。现代的研究发现，当弟弟或妹妹出生时，年长的孩子总会有一种矛盾的心理。一方面会充满了新奇和激动，另一方面也会因为失去父母的一部分爱而对小弟弟小妹妹产生敌意。当弟弟妹妹到来之前，孩子往往对此会充满新奇，但在弟弟妹妹到来后往往因为新奇的满足和爱的缺失对弟弟妹妹产生敌意。我曾遇到过这样一个家庭。妈妈一直想要第二胎，但是女儿一直说不要弟弟妹妹。有一天，四岁的女儿突然松口说："有一个弟弟妹妹也很好，可以和我一起玩。"一年以后，这位妈妈果然给她生了个小弟弟，全家都很高兴。可是没过几天，小姐姐就不干了，因为在她看来，这个只会哭闹的小弟弟，不但不好玩，而且把爸爸妈妈原先给自己的注意和爱全都拿走了。所以就开始反悔了，整天又哭又闹。妈妈很委屈地问："不是你说要弟弟我才生的吗？"女儿也很委屈地回答："我现在不要了呀……"

这个案例给我们两个提示，第一不要以年幼孩子的一句话来做这么重要的决定。因为年幼的孩子还不能对弟弟妹妹的到来所产生的变化有一个客观的预判。像这位小姐姐她就不能明白弟弟的到来会给她的生活带来什么变化。有的爸爸妈妈会对老大说得很清楚，弟弟妹妹到来后，爸爸妈妈要更多去照顾小宝宝了。老大一开始答应得好好的，但是一旦失去父母的关注时还是会承受不了。所以，不要只是简单地问孩子想不想有一个弟弟妹妹是不能解决问题的。第二要切实帮助老大转变角色。要让孩子加入到欢迎新生命的行列中来。让老大做些切实能做的。例如可以让老大一起去选购弟弟妹妹的小床，布置房间等。妈妈分娩前后，有的父母会把老大送到别处暂时住几天,这样做很容易伤害老大的感受。这时不但要把老大留在身边,还要事先安排他(她)能做的事情。总之要让老大成为一个提供帮助的欢迎者,而不是父母宠爱的争夺者。

当小宝宝一天天长大成为哥哥姐姐的玩伴时,新的问题也会随之到了:如何处理两个孩子的冲突?在这里我再说一个家庭。我有一个朋友有两个孩子,哥哥5岁,妹妹3岁。每当两个孩子发生争吵时,妹妹总是用可怜的尖叫声求救于父母,而大人一出来就不分青红皂白地指责哥哥。没等哥哥申辩,大人就大声斥责:"你是哥哥,她是妹妹。"哥哥实在无奈,妹妹越发可怜。久而久之,兄妹的矛盾越来越激烈,有一天,哥哥趁爸爸妈妈不在家时,因一件小事对小妹妹痛下毒手,把小妹妹打得鼻青脸肿。

现在很多的中国父母会像我的那位朋友那样,一有冲突就批大护小。这样的结果往往是委屈了大的,宠坏了小的。所以我的建议是先要护大。

其实护大不护小的原因很简单:只有大的得到尊重后,才能发自内心地去爱护、谦让小的。所以要培养小的对大的尊重。要知道大的也还是孩子,如果你没有注意树立大的威信,他并不能理解你所说的哥哥的意义。每当冲突发生就批大护小,其实对两个孩子都不好。大的因为委屈越发恨小的。而小的则学会了有一点小事就尖叫,日后甚至会利用大人去欺负大的。久而久之两个人的关系只会更加对立仇视。

不仅在两个孩子发生冲突的时候要护大的,平时生活中还要注意在小的面前树立大的威信。培养大的学会使用权力的同时,要培养小的如何和大的交流。例如,当大的会算钱了,去超市的时候,可以给大的一点钱带着小的在超市里头他们所需要的东西。这时候小的就不得不服从大的。如果大的能为小的买一些东西,你就要表扬大的。这个过程中也让小的学习怎样向大的要求和商量。

三字经上说得很好："首孝悌"。在学习知识之前，孩子首先要学的是对待父母和兄长的顺服态度。悌，就是对兄长的尊敬。如果你每次当着小的面骂大的，小的能尊重大的吗？

当然，当大的威信树立以后，你要不失时机地去引导他去爱护小的。虽然我强调护大，并不是不讲道理地去护大的，当发现大的确实有问题时，也要批评，但是尽量不要当着小的面。总之要在讲原则的前提下尽量尊重大的需要，只有这样才能实现"兄则友，弟则恭"的理想关系。

由于独生子女的现象已经持续了将近三十年，人们开始把很多的教育问题都归咎于此，并天真地认为只要有兄弟姐妹，教育就会很容易。数量不能保证质量。儿童心理学专家也已经发现多子女教育的优势并不是绝对的。两个孩子的教育同样要求父母有独特的教育智慧。

规矩的一致性之二：不同教育者之间的一致性

每个家长在教育孩子时，自己能保持一致的规矩已经很不容易了，但是这还远远不够。因为一个家庭往往有不止一个管教者，父亲和母亲。在中国很多家庭里还有祖辈的家长参与管理。为了保证规矩的有效，我们还要力求不同教育者之间的一致。首先简单论述有隔代教育家庭规矩的一致性，然后谈论父母之间如何相互搭配保证规矩的一致性。

祖孙三代在一起生活是传统中国家庭形态的一个特点。虽然这样的家庭在慢慢减少，但据统计，目前我国三代家庭的数量仍占家庭总数的37%左右。儿童的年龄愈小，儿童与祖辈生活在一起的三代家庭所占的比率愈大。老人的参与对儿童教育积极和消极的影响都有。积极的因素也很多，首先，老人往往有充分的时间和精力可以投入到孙辈身上，对孩子的生活和学习提供帮助。其次，老人常常比父母有更丰富的抚养和教育孩子的实际经验，可以为父母提供很多好的建议。再次，父母可以在和老人的相处中给孩子树立好的尊重长辈的榜样。但是，由于管理队伍的人员增加，管理队伍内部的关系就变得复杂，这些宝贵的隔代资源在实际教育中往往会造成规矩一致性的重要障碍。对此，国内有很多专家已经提出了很多宝贵的建议。我就不多赘言。在此，只强调两条原则。

首先，隔代教育只能是亲子教育的补充，绝不能替代亲子教育。所以，老人和父母都要明确自己的职责。孩子的父母应该担负起对子女抚养和教育的主要责任。但要尊重老人。作为老人，虽然可能和孙辈孩子的相处时间比父母还多，但是在规矩和教育上要服从父母。因为孙辈是你孩子的孩子，而不是你的孩子。隔代教育往往以溺爱为多。很多老人对自己的子女还能严格要求，到了对孙辈的教育都是百依百顺。这往往会造成和父母规矩的不一致。几乎所有的孩子都有这样的天赋，他们在很小的年龄时就能敏锐而准确地觉察出大人在规矩上的不一致，而且能操纵和利用这样的不一致来实现自己利益的最大化。

其次，当做规矩有了不一致时，要举行家庭会议。大家理性地把不同规矩的理由坦诚交流。如果相互不能说服对方，老人还是要服从父母的决定，因为这是他们的孩子。需要特别提醒的是，这样的会议不要让孩子参加。有的家庭婆媳之间的关系比较紧张，开这样的会议很难理性交流，这个时候爸爸就要挺身而出做交流的主要调解人。先和妻子好好交流，然后再和自己的母亲交流。我见过不愿意这样做的爸爸，最后两头不讨好，有的甚至以离婚收场。

下面再谈谈父母之间规矩的一致性。即使没有祖辈的参与，就父母两个人之间做到规矩的一致性也是非常困难的。大部分家长在孩子到来之前对做什么规矩和怎样做规矩都没有很好的学习和交流。当孩子到来之后，匆匆拿出自己固有的模式来给孩子做规矩，结果很容易产生矛盾。也有的父母甚至为此劳燕分飞。其实，不一致很正常，因为父母来自不同的家庭，有不同的文化，有不同的成长背景和价值观。关键是怎样搭配，怎样包容。

首先，一个家庭里不能有许多"头"，必须由一个人负最后的责任。所以先要明确谁是家庭的头。我认为是丈夫。在中国的传统家庭中如此，在《圣经》的教导中亦是如此："丈夫是妻子的头。"所以做妻子的要顺从丈夫，这样的顺从当然也包括在对孩子做规矩时对丈夫的顺从。丈夫是家庭的头，但绝不表示他是家中的独裁者，他不能完全操控或统治妻子，或视妻子为家中的奴隶而随意支配。反过来说，丈夫一方面要带着敬畏承担起领导的神圣责任，另一方面要尽力爱护妻子。中国传统家庭中的严父慈母基本上就是这样的搭配。现在很多中国家庭的搭配颠倒过来，变成了严母慈父，这样会造成做规矩时很多不必要的问题。无论从父母的生理、心理差别还是儿童心理发展的需要，做规矩的主要责任都是父亲来承担比较好。中国古话说：父爱如山，母爱如水。颠倒过来，父母逆着自己的本性不好，两个都是山或者两个都是水也不好。只有父母按其特点各行其职，相互搭配，这样，家庭就山水和谐而充满生机。

　　其次，即使明确了父亲是规矩的主要责任人，父母在做规矩时仍有可能产生不一致。例如有时候妈妈认为爸爸的规矩有问题，或者有时候妈妈也会做一些爸爸不同意的规矩。遇到这样的情况，要牢记一个原则，不要在孩子面前指责另一方的规矩。不然，父母之间很容易在孩子面前发生争吵。这样的不一致会损害父母以后做规矩时的权威。最好的方法是先走开，等事情过后，在孩子不在的情况下和对方心平气和地交流。由于离开了当时情绪化的情景，两人就比较容易保持理性。有的年轻父母意识到做规矩需要有不同的分工，于是相互约定：你唱红脸我唱白脸。但是一旦产生矛盾，就顾不得红脸白脸，在孩子面前大吵起来，结果是吵出两个大花脸。在这一点上，我觉得在狼爸和虎妈的两个家庭中的另一半也都是非常有智慧的。值得注意的是，虎妈的孩子所表现的反叛要比狼爸的孩子强烈和暴力得多。例如，在莫斯科一个高档饭店里吃饭时，虎妈的女儿因为几句话不合，就当着虎妈的面把一个杯子摔得粉碎，而让虎妈泪奔红场。很难想象狼爸的孩子会这样。这虽然和孩子的个性差异以及两个家庭所处的社会文化环境有关，但也和爸爸妈妈哪个来做规矩有关。

最后，夫妻两人可以一起参加一些有关的父母培训班。有时候夫妻很难说服对方，如果有专家的介入，往往能促进交流达到规矩的一致。在过去的四年中，我的每次讲座来听讲的大部分是妈妈。我每次讲座都有一个保留节目，就是请来听讲座的爸爸们站起来，这个时候妈妈们都会情不自禁地鼓掌。我会看到很多独自来听讲座妈妈们羡慕的眼光。希望以后的讲座能见到更多的爸爸。也但愿这本书的读者中有很多很多的爸爸。

规矩的一致性实在是一个重要但又复杂的问题，虽然我已经从教育者之内和教育者之间两个方面做了探讨，还有很多无法在这里展开。例如，怎样做好家庭的规矩和学校、社会规则的一致，怎样在不同的年龄阶段做好规矩的一致，等等。

在这个问题的最后，需要说明的是，规矩的一致性并不是说规矩是一成不变的。其实我们有时候不得不做些变化。例如当孩子生病的时候，我们的规矩和平时就不一样。但是我们要和孩子说明为什么会这样。有时候适当地变通也会更加体现规矩的人性。

做规矩需要爱

在第三章我们已经详细讨论过规矩和爱的不可分割性，明确了有效的规矩是带有爱的规矩。同时，我们也承认在教育的过程中存在着规矩和爱的相互对立和损害。那么我们有没有可能在教育过程中就让孩子感受到爱呢？前面一章中刘先生惩罚自己的故事对此已经作出了肯定的回答。在这里我再举一个实际的案例，并用其中的一些教育的细节来探讨规矩过程中的爱。

我有一个大学同学，住在上海一个高档的小区里。他有一个10岁的女儿，暑假独自在家时，竟然把一块西瓜皮从阳台上往下扔，结果砸到了停放在下面的小汽车上，并把小汽车的挡风玻璃给砸坏了。小汽车的主人并不知道是谁扔的瓜皮，就在大楼的电梯里贴了这样的一个告示：谁把我汽车的玻璃砸坏了，请尽快与我们联系！并标明了自己家的门牌号码以及联系电话。我同学下班回家也看见了告示，就问女儿："是不是你扔的西瓜皮？"孩子当时就承认了。从这时开始，我的同学就开始面临规矩和爱一系列的挑战。

首先的挑战是要不要做规矩的问题。也有个别父母遇到这样的事情会贪图小利而无视规矩。因为别人不知道是自己的孩子干的，就以为只有天知地知，此事就可以不了了之。这样无视规矩的不道德行为害人害己。受害最大的无疑是自己的孩子。因为这样的小利而亵渎规矩，以后父母再在孩子面前做规矩情何以堪啊？我相信大部分父母和我的同学一样，在这一点上会作出正确的选择。接下来是怎样教育的一系列细节。每个细节都会对规矩和爱的结合作出挑战。

第一个教育细节是谁去登门道歉？是爸爸？是女儿？还是爸爸和女儿？我同学选择的是和孩子一起下去。我认为这样的选择既强调了规矩又体现了父爱。如果只有爸爸去道歉，这样的举动看上去爸爸很爱女儿，但是有越俎代庖和溺爱的嫌疑。如果让女儿一个人去道歉，看似规矩很严，但是缺乏爱。因为这样的要求超出了女儿这个年龄能够承受的底线。一个10岁的女孩要去一个陌生人的家，自己敲门，然后要面对陌生的成人赔礼道歉，实在是勉为其难。我小时候就曾经历过这样痛苦（见第三章）。所以，爸爸陪着下去本身就体现了爸爸对孩子的体谅。再者孩子犯错，爸爸也有责任，一起下去也是合情合理。在这个细节中，爸爸的爱体现在两个方面：体谅孩子的能力和共同承担责任。

当父女二人按了门铃后，车子的主人来开了门。这时候爸爸又面临选择：让女儿先开口道歉呢，还是自己开口道歉？结果我的同学选择了后者，原因和前一个细节相同，没有任何铺垫让孩子直接道歉，对10岁的女孩要求可能过高。

接着，我同学开口说了一句非常简单却体现父爱的一句话："对不起，西瓜皮是我的女儿扔的。"设想一下，如果我的同学说："西瓜皮是她扔的。"这两句话表达的语言学的意义可以说是一样的，因为这个"她"就是"我的女儿"。但是这两个表达所体现的社会情感却迥然不同。如果用了第二人称的"她"，就一下子把孩子从自己身边推开了，似乎是说这件事和我无关。相反，如果说"我的女儿"，"我"在"女儿"前面。这样的用词和次序让女儿感到父亲在前面为她承担了一部分责任。父爱又一次得到了体现。

在气氛缓和了以后，我同学坚持要一直低着头的女儿向车主真诚道歉。由于前面有了爱的铺垫，女儿就没有太多挣扎把准备好的话讲了出来："叔叔，对不起，我错了。"之后，我同学回到家里把赔款交给女儿，让她送过去并再次道歉。

这是一次非常出色的做规矩，因为在这严肃的做规矩过程中，父亲把自己对女儿的爱理性而自然地在一些细节中表达了出来。这样的教育就是带有爱的规矩。这个案例告诉我们，至少可以从三个方面在规矩中体现爱。首先，父母克制情绪和孩子理性地交流，本身就是爱的体现。其次，感受孩子的感受，体谅他能承担责任的多少，所给的惩罚应该是孩子可以承受的。最后，把孩子的错误当做自己的教育失职，在孩子面前勇敢承担自己该承担的责任。

规矩和爱的分离是中国传统教育的弊端

在做规矩的过程中能把爱体现出来，不仅需要有极大的爱心，还需要有高超的教育智慧。反观传统的中国家庭，有的是严厉的规矩，缺少的恰恰是过程中的那点爱。在前面一章中有关周公教育成王的案例最成功的，就是在过程中体现了这一点微妙的大爱。就像太极图中黑色部分中的那个白点。这一点虽然很小，但有没有这一点会造成截然不同的教育结果。在中国的明朝，发生过一件和周公教育成王非常相似的事情，那就是张居正教育万历的故事。张居正和周公一样，也是一位德才兼备的历史名臣，一样受先王之托教育辅佐年幼的太子，也一样鞠躬尽瘁付出所有，但就是因为缺少了规矩过程中的这点爱而培养了一个非常畸形的皇帝。这个案例让我对中国传统严厉教育中爱的问题有了更深刻的理解。

万历皇帝（朱翊君）是统治明朝时间最长的一个皇帝，他很有才，情感也很丰富。在他身上有很多矛盾的地方。他曾经勤于朝政俭于生活，可后来却变成中国历史上最贪财、好色、怠政的皇帝。他曾经亲手缔造了堪称整个明代最为富足强盛的万历王朝，然而也是他亲手将明王朝推入了绝境。当然最让我惊讶的是万历对恩师张居正的态度，曾经尊其为父，但是在张居正去世不到两年，就被这位昔日处处顺从的学生抄了家,甚至差点被鞭尸。万历从小受到的教育可以说是最好的中国传统教育,然而这么理想的传统教育怎么会培养出这样一位处处矛盾、心狠手辣的昏君?我认为最大的原因是传统教育中规矩和爱的严重分离。

我在很多的场合都说过,中国传统教育的一大弊端就是规矩和爱的分离。注意,在中国传统家庭里不是没有爱,而是爱和规矩的分离。严父慈母,父亲是规矩的化身,而母亲是爱的代表。但往往是一个有规矩缺乏爱,另一个只爱不做规矩。这种爱和规矩的分离无论对做规矩还是爱孩子都会产生困难。正如陶行知先生总结的那样:

"父亲往往失之过严,母亲往往失之过宽。父母所用的方法是不一致的。虽然有时相成,'打'流弊未免太大。因为父母所示方法之宽严不同,子女竟至无所适从,不能了解事理之当然。并且方法过严,易失子女之爱心;过宽则易失子女之敬意。这都是父母主张不一致的弊病。"

显然,中国传统教育的主要职能是由父亲担当(教不严,父之过)。而父亲的特点就是严格。严格到要把爱藏得很深很深,甚至唯恐让孩子感受到一点点。所以我总感慨说,中国父亲的爱太深沉,以至于子女心里太沉重。这样的传统教育在塑造行为上还是有一定的效果,但是往往以心理的损伤为代价。其结果往往是因为对个人的害怕而不得不这样那样做,而不是对规矩本身的真正理解和敬畏。这样的顺从遇到可以反叛的机会往往会产生意想不到的破坏力。张居正的悲剧正在于此。

张居正对待小万历就像传统的父亲对待孩子。在教小万历的一段时间里,张居正全家都在湖北老家,他独自在京城,可以说他把所有的爱都给了这个学生。有一次小万历因为出麻疹很长时间,张居正因为很长时间看不到小万历而思念万分。当万历大病初愈第一次上朝时,张竟不顾君臣之礼,在其他大臣的众目睽睽之下径直跑到龙座下深情地仰望着这个他心目中的爱子。但是这样的真情流露太少了,在更多的场合下,张居正必须克制这样的情感,以严厉表达这样的爱。有一则故事讲到张居正给小皇帝讲课时,万历把《论语》中的"色勃如也",误读成"色背如也",居正一声"应当读'勃'"使其顿然惊悚。在这样的严格气氛下,小万历很少能享受到这个年龄的孩子应该享受的乐趣。例如,小万历最喜欢的是一年一度的花灯节,彩灯烟花让小家伙那一晚不亦乐乎。但是张居正说是太铺张了,一声令下立马取消了王宫的花灯节。小万历虽然心里不愿意,但还是唯唯诺诺地接受了。

在前面我说过中国的传统家庭里,有严父还有慈母。但是小万历回到家里也不能体会到充分的母爱。母亲李太后是张居正的粉丝,深信只有严格要求才能培养一代明君。小万历偶尔调皮,就被李太后长时间地罚跪,有一次还差一点被剥夺王位的继承权。而那位陪读太监常常是扮演告密者的身份。所以这个小万历心里是多么痛苦啊。他多么希望有他可以信任的人来聆听他。当他后来遇到同样熟读诗书的郑妃时便一发不可收了。

若是一般家庭的孩子,压抑也就压抑了,身心成熟一点以后还可以慢慢体会那深藏于严厉之下的父爱,但是小万历可是皇帝,当他意识到自己已经大权在握时,那严重地挫伤了的自尊心最终在张居正死后爆发出难以想象的破坏力。

我时常想,如果张居正和李太后能够把爱和严厉处理得不那么对立,再适当满足孩子的需要,万历的心不至于扭曲到这个地步。例如,你可以取消花灯节,但是可以自己买几个烟花陪小万历玩玩。小万历把"色勃如也",误读成"色背如也"时,不妨先肯定他,这个字有的时候确实念"背",但在这个地方读"勃"。我不知道小万历最后会怎样。但这对张居正来说是不可能的,因为他也是从传统教育中出来的,他几乎不会怀疑这种严厉会有什么恶果。

当然张居正比一般的父亲在教育孩子方面面临更多困难。例如,一方面他要维护师道尊严,另一方面又不得不服从(至少表面上)君臣之礼。这样的矛盾也让万历时时感受到可以反抗的空间。

  总之，我认为小万历和张居正的悲剧反映了中国传统教育中爱和规矩分离的恶果。这个案例给我的另一个启发是，当孩子还没有心智成熟时不要给予过多的权利。张居正是无奈的，他的万历本来就是小皇帝，而我们现在的父母，自己孩子明明不是小皇帝，却偏要当小皇帝来养，这样的结果可想而知。

第六章

情商（一）
培养孩子的自我意识和自我约束能力

积极客观的自我意识是高情商的基础
对孩子的鼓励和批评要具体且客观
要让孩子抵御诱惑，从训练延缓满足开始
要让孩子学会克制情绪，从父母自己克制情绪做起
规矩和爱能培养出谦卑而自信的孩子

情商和幸福

情商是对自身和他人情绪的感受和认知，并将这样的认知用于管理自己的情绪以及和他人的相处。情商能帮助我们感受幸福，情商对一个人的成功起着决定性的作用。

现实中很多父母都想方设法给孩子提供各种物质条件，希望孩子能够幸福。但是结果往往事与愿违。这些父母忽略了一个重要的原理，那就是，幸福不是外在的环境和条件，而是内心对生活满意程度的一种主观感受。环境条件再好，没有一颗能感受幸福的心，怎么能幸福呢？所以培养一颗能感受幸福的心要比创造优越的物质条件重要的多。一个人能否有一颗感受幸福的心很大程度上取决于他的情商。

现实中也有很多父母把幸福寄托于孩子的学业，最大的愿望就是孩子能考上北大。这些父母幸福的逻辑是，北大毕业意味着事业成功，事业成功意味着人生幸福。殊不知北大毕业和幸福没有必然的关系。在过去的二十多年时间里，在美国就有四个北大的毕业生因为实在太不幸福而杀了人。他们不仅是北大毕业，而且是北大的高才生。他们的低情商可以毁灭才华断送生命（见下面的卢刚事件）。当然你可以说这些都是极端的例子，名牌大学的学历还是很重要的。我不否认学历的重要，但这绝不是一个人事业成功和幸福最重要的因素。

企业心理学家曾经做过一个大样本的企业人事研究。他们比较了一些大企业的两种人员的智力和教育背景。第一种主要是一般的技术人员。第二种是企业的顶级的管理人员：总经理、CEO等，也就是那些技术人员的领导。结果发现那些技术人员的平均智力要远远高于他们的领导。他们的学历几乎都是博士，比他们的领导要高。再看看他们毕业的学校很多也是美国顶级的大学。而他们的领导很多却是毕业于一些不知名的大学。所以从智力和教育背景看，技术人员比他们的领导更优秀。心理学家就提出了这样的疑问：为什么这么优秀的人才（技术人员）最后会受智力和教育上不如他们的人（企业领导者）管理呢？为什么这两种人的学业的成就和事业成功没有相对应呢？进一步的研究发现，那些技术人员在一些能力上远远不及他们的领导们。他们所缺乏的能力恰恰就是情商。所以这项研究最后有两个重要的结论。第一，对于一个人事业的成功，情商比智商重要。一个名牌大学的高学历能帮你谋到一个不错的职业。其作用就像是一块事业的敲门砖。但进入事业后能走多远，很大程度上取决于你的情商。第二，在学校教育的测评体系中主要反映的是和智商有关的认知能力，而情商这一重要的品质几乎不能在其中体现。因此，学校教育决策者和教育工作者需要对此作出反思。

岂只是学校、老师需要对此反思，父母更需要反思。反思我们对孩子的培养是否遵循情商先于智商的原则。本章首先和父母一起解读情商的具体内容，然后在此基础上进一步探讨培养情商的方法。

在开始探讨情商之前，我们先来复习一下在第一章中提出的为人父母的四项基本原则：情商先于智商原则；共同成长原则；不占有原则；规矩和爱统一原则。情商的培养和另外三项基本原则存在着密不可分的关系。

先谈谈情商培养和共同成长原则的关系。情商的发展主要是受后天环境的影响。而一个孩子怎样感受和管理情绪，在很大程度上决定于父母对自己和孩子的情绪感受及管理。所以要培养一个高情商的孩子，父母自己先要提高自己的情商。在这方面不仅要和孩子共同成长，最后还要先于孩子成长。

一个以占有孩子为培养目标的父母一定是个低情商的父母。如果以占有为目的，就失去基本的教育理性和教育界限。当孩子依赖你、愿意被你占有的时候，你对孩子百依百顺。当孩子要独立的时候，你又会情绪失控。所以为人父母提高自己情商的第一步就是从建立不占有原则开始。

规矩和爱相结合是培养孩子情商的保障和有效手段。高尔曼（Daniel Goleman）认为情商由五项要素组成：自我意识（self-awareness）、自我管理（self-regulation）、自我激励（self motivation）、同理心（empathy）、人际交往技能（social skills）。要培养孩子这五项情商都离不开规矩和爱的理性结合。规矩和爱之所以能成就孩子未来的幸福，是因为规矩和爱能让孩子客观地认识自己和环境，并朝着积极的人生目标不断进取。

下面先介绍每一项的情商的内容及其重要性，然后针对每一项情商的培养提出建议。这一章讨论了自我意识和自我管理。下一章讨论自我激励、同理心和交往合作技能。

情商要素之一：积极客观的自我意识

整个情商体系中最为核心的就是这第一项：自我意识。也有人把这第一项翻译为感受自己的情绪。虽然最后的意识是一种情绪感受，但这样的翻译把原本复杂的自我意识体系过分简单化。高尔曼的原意是对自身状态、情绪和动因的感受和认知。它和自我形象、自我评估以及自信心都有密切的关系。通俗一点说，一个人的情绪感受是建立在对自我的评估和自我形象的基础上。我认为"自己是谁"会影响到我怎么认知环境，怎样感受环境，以及产生怎样的自信。

作为父母在这方面的培养目标，是帮助孩子形成客观积极的自我形象，并在此基础上建立客观的自信。这是提高其他四项情商能力的基础。

一个成功的人往往是自信的人，他的自信不是盲目的而是建立在对自己优点和缺点的客观认知基础之上。情商低的人最根本的问题就是无法建立这样客观的自我评估。不是过分自大就是过分自卑。我见过一些所谓的优秀人才，就是我在第一章提到的那些智商高情商低的人。他们的专业知识都非常棒，有一份不错的工作，做事也一丝不苟。总之，他们有很多让人羡慕的优点。但是他们自己始终无法幸福。最根本的原因就是对自己的认知不客观。一个人如果对自己的认知不客观，就无法建立客观稳定的自信。缺乏了这样的自信，对他人和环境的认知就常常偏激。这会导致一系列社会交往和情绪的问题。这些问题甚至可以造成对自己对他人无法挽回的破坏。下面用一个我跟踪了二十年的案例——卢刚事件，来探讨和认识建立客观的自我的重要性。

卢刚事件的经过： 1991年11月1日下午三点半左右，卢刚进入了正在进行专题研讨会的艾奥瓦大学凡·艾伦物理系大楼（Van Allen Hall）三楼的309室，在旁听约五分钟后，他突然拔出左轮手枪开枪射击，他首先击中他的博士研究生导师47岁的戈尔咨教授，并在戈尔咨教授倒下之后，又在他的脑后补了一枪；然后，他又朝他的博士研究生导师助理史密斯（Robert Alan Smith）副教授身上开了两枪。此时，在场的众多人士刚刚有所醒悟，纷纷逃离现场，这时卢刚又瞄准了当时在场的另一位中国留学生27岁的山林华博士，向山林华的脑部和胸膛连开数枪。随后，卢刚离开了第一现场，到达二楼208室系主任办公室，一枪射杀了44岁的系主任尼克森（Dwight R. Nicholson）。在确认尼克森死亡之后，卢刚又返回第一现场，发现几个学生正在抢救奄奄一息的史密斯教授，于是又朝史密斯的脑部补发了致命的一枪。

然后卢刚持枪离开物理系大楼到达生物系大楼，由一楼走到四楼，似乎在寻找一名女性目标（有目击者见他进入女厕所寻人），其间遇到师生多人，但卢刚并未开枪滥杀。

在未找到射击目标之后，卢刚又进入了行政大楼，冲入一楼111室的校长办公室，向副校长安妮·克黎利（T. Anne Cleary）前胸和太阳穴连开两枪，又朝办公室内的学生秘书茜尔森（Miya Sioson）开了一枪。

随后，卢刚到达二楼的203室，饮弹自尽。

整个枪击过程不足20分钟，卢刚在自杀前总共向六个人开枪，除女学生茜尔森（Miya Sioson）被击中脊椎，颈部以下全身瘫痪外，其余五人全部丧命。

关于卢刚：读到有关卢刚的这则报道时，我正在中国国内准备着托福GRE考试。当时，我觉得这一切像是电影而不是现实。二十年过去了，我还常常会搜集一些和此案有关的一些资料。自己之所以一直关心这个事件，不仅出于自己的教育专业兴趣，还有重要的一个私人原因。那就是主人公卢刚和我差不多同龄，我们的成长有着相似的社会历史背景。

卢刚和我都是在1981年高中毕业，参加了同一年的高考，所不同的是，卢刚考上了北大物理系（物理满分，数理化平均97分），而我却名落孙山。所以我比一般人更清楚卢刚有多优秀。考上北大物理系还不能真正反映卢刚学业的优秀。结束"文化大革命"不久的20世纪80年代初，中国"科学的春天"刚刚开始，急需培养大批理科人才。经诺贝尔物理奖获得者李政道的不惜努力，美国大学特设了一项招收中国物理专业研究生的考试，这就是当时大名鼎鼎的CUSPEA（China–U.S. Physics Examination and Application）考试。从中国每年招收100名物理专业的优秀毕业生赴美学习。卢刚又在考试中脱颖而出，拿着全奖进入艾奥瓦大学。一个学业如此优秀的学生怎么会变成一个那么冷酷的凶手呢？虽然后人有不同的解释，我查阅了当时美国和中国的报道，看了知情人的一些回忆，以及卢刚最后写给他二姐的信，我认为主要原因就是卢刚不客观的自我意识。

在留给英文媒体的信件中，卢刚认为另一位中国学生山林华（遇难者之一）错过毕业论文手续的截止日期，不具备毕业的资格。他的毕业和荣誉的获得都是因为教授袒护。卢刚多方申诉无果，由此归罪于山林华、他的教授、和校方领导。于是决定痛开杀戒，用自己的方式来取得公平。由于惨案的发生，卢刚所申诉的不公平也不再有结论。根据我在美国高校的经历，应该说美国大学对这样的申诉事件是非常严肃认真的，有专门的委员会进行取证、听证，双方都可以得到多次陈诉的机会，和法庭审理的过程非常相似。所以很难由一个人或几个人操纵。如果真是有人幕后操纵，一件学术不公正案例就会变成一个刑事犯罪案例，就会有社会法庭的介入。一般教授不会这样去冒险，因为这会断送一个研究者的研究生涯。所以我怀疑即使有个别教授不公正的情况，也未必像卢刚所想的那样，教授们和校方行政人员联合起来和他作对。话再说回来，即使真像卢刚所申诉的那样，你也没有权利这样滥杀无辜。关键问题还在于卢刚自身不客观的自我意识和极强的自卑和自负。

除了一些同学反映他平时比较偏激很难相处外，卢刚极端的自负和自卑最直接地反映在他写给他二姐的中文遗书中。首先，他总觉得自己是很正直的："我一生来正直不阿，最讨厌溜须拍马的小人和自以为是的赃官。"另一方面他又表现得极其自卑："在美国虽然吃穿不愁，但上边大有富人，跟他们一比，我还是个穷光蛋。"卢刚的内心很没有安全感。说实话，他给他最亲爱的二姐的这封信有些地方写得很动情。但是有一处他的口吻显得非常突兀。在谈到自己的后事处理时，先告诉二姐不必来美国，让中国领事馆把自己的骨灰送回即可。突然另起一段，郑重告诫二姐："牢记：不要让美国这边敲诈钱财。"一个在美国拿了别人的全额奖学金的人，拿到了博士学位，非但没有任何的感恩，反而处处都觉得被人欺负。甚至觉得自己死了，别人还会去敲诈他的亲人。这样的口气和内容揭示了其有一定的被迫害妄想。而这一切的根源就在于卢刚没有办法形成一个客观积极的自我，从而失去了最基本的自信和安全感，从环境所感受的全是负面的认知的情绪。这些负面认知和情绪的积累导致了最后的悲剧。讲到积极客观的自我意识，在这里我不得不提这事件中的两位受害者：遇难的副校长安妮·克黎利（Anne Cleary）和她的学生秘书米亚·茜尔森（Miya Sioson）。她们和她们的亲人在事件之后向世人展示了和卢刚完全不同的自我意识以及对自己不幸遭遇的态度。

先说说遇难的副校长克黎利女士。她的父母曾远涉重洋到中国传教，她成了出生在中国上海的美国人，所以她对中国人有特殊的感情。她终身未婚，对待中国留学生就像对自己的孩子一样，无微不至地关照他们、爱护他们。每年的感恩节和圣诞节总是邀请中国留学生到她家中做客。20世纪80年代她曾多次访问中国，目睹中国高校图书资料的匮乏，她回到艾奥瓦大学就和同事发动教育学院的教授们为中国捐书。共捐了一千多本，最后，六十五磅的邮包共寄了十五包书到北京。这样一位热爱中国，热爱中国留学生的女士最后被一个中国学生枪杀。对这样以怨报德的行为产生愤怒应该是人之常情。然而，克黎利的惨死并没有动摇亲人们的信仰，并没有让他们以仇恨来取代爱。他们深知，仇恨的心理最后伤害的是自己，仇恨的心理也不符合克黎利生前所坚持的理想。爱和宽恕才是对亲人最好的纪念。因此，她的三位弟弟为了纪念姐姐，做了两件事情。第一，他们在姐姐去世的病房里宣布，要用克黎利的遗产为教育学院的国际学生设立一份奖学金，因为他们知道这是姐姐的意愿。第二，他们一起给枪杀他们姐姐的卢刚家人写了一封信，并将信在姐姐的葬礼上当众朗读。信的内容翻译如下：

给卢刚的家人们：

我们刚经历了一场惨痛的悲剧，我们失去了我们为之骄傲的亲爱的姐姐。她一生给人所留下的影响，让每一个与她有过接触的人——她的家人、邻居、孩子们、同事、学生和她在全世界的朋友和亲友们——都爱戴她。当我们从各地赶来衣阿华时，那么多朋友来分担我们的悲痛，但同时他们也与我们分享安妮留给我们的美好记忆和她为人们所做的一切。

当我们沉浸在沉重的悲痛中时，我们也在我们的关心和祈祷中纪念你们——卢刚的家人们。因为我们知道你们也一定沉浸在沉重的悲痛中，你们也一定和我们一样为周末所发生的事所震惊。安妮相信爱和宽恕。我们也愿意在这一沉重的时刻向你们伸出我们的手,请接受我们的爱和祈祷。在这悲痛的时刻,安妮一定是希望我们心中充满了怜悯、宽容和爱。我们清楚地知道,此刻如果有一个家庭正承受比我们更沉重的悲痛的话,那就是你们一家。我们想让你们知道,我们与你们分担这一份悲痛。让我们一起坚强起来,并相互支持,因为这一定是安妮的希望。

真诚的

弗兰克、麦可和保罗

我不知道卢刚的家人什么时候读到这封信,也不知道他们能否读懂这封信,更不知道他们作何感想。我只知道这封信的原稿后来被塑封挂在了艾奥瓦大学克黎利曾经工作过的办公室。克黎利生前生活的小镇有一条路被命名为安妮·克黎利路。

说完了副校长,再说说她的学生秘书茜尔森。她是枪击案中的唯一幸存者。但被击中脊椎,颈部以下全身瘫痪。那一年她才23岁。我在网上见过茜尔森遭枪击前的照片,那么美,那么柔和,却那么坚定。和克黎利的家人一样,这位美丽的女孩在遭遇这么大的不幸后没有仇恨,没有消沉。不仅自己顽强地生活,还把帮助别的残疾人当做自己终身的事业。茜尔森说:"如果我不能帮助别人,我觉得自己不是个完整的人(I would not fell complete if I wasn't helping others)。"不幸的是,在枪击事件17年后,茜尔森因患乳腺癌而去世。但她自强不息的事迹被拍成了纪录片,继续鼓舞着很多活着的人,包括我自己。

逝者已逝,二十多年过去了。我每次准备情商的讲课时,都会情不自禁地想到卢刚事件和其中的三位当事人。我觉得他们还在继续和我们活着的人说话。他们在告诉我们不同的自我意识会活出怎样完全不同的生命。卢刚虽然拥有很多同龄人羡慕的才华和环境,在学习上和物质的追求上对自己的要求也很高。但是一个不客观、极端的自我意识可以让他失去最基本的感受幸福的能力，在环境中无法感受到爱，只有痛苦，只有恨，最后做出毁灭生命的事情。而克黎利的弟兄和茜尔森虽然无端遭遇这么大的不幸，但强大而积极的自我意识让他们把自己的痛苦变成了造就他人生命的大爱。让自己遭受的不幸变成他人生命的祝福。低情商的人总希望把最好的事情发生在自己身上。而高情商的人却总能够把发生在自己身上的事变得最好。这是多么不一样的人生态度和结果啊。

我之所以在这里要花这么多文字把这个案例那么详细地介绍给读者，是希望我们每个做父母的能够理解情商和智商的关系，清楚情商和幸福的关系。同时能明白从小培养孩子客观的自我意识的重要性。

怎样从小培养孩子客观积极的自我意识呢？规矩和爱。规矩可以让孩子懂得敬畏，约束自我意识的不客观膨胀。爱能让孩子得到安全，看到自己的价值，因为自己被尊重而懂得尊重他人。但是爱和规矩需要结合。如果只有严厉的规矩而没有爱，孩子的行为也许能够得到暂时的约束，但是内心就容易产生极端的自卑。如果只有爱而没有规矩，孩子会觉得自己就是上帝。第四章和第五章已经介绍了做规矩的原理和方法，那些原理和方法对培养积极客观的自我意识都有很大的帮助。在这里我再提出四项针对性的建议。

培养客观积极的自我意识

了解自我意识发展的年龄特点

孩子的自我意识发展存在着一定的规律，懂得这样的发展规律可以帮助父母对可能产生的一些心理行为的变化做到心中有数。一开始婴儿对自身的感受和对外在的环境的感受并没有明确的区分，随着对外界环境认知的分化，开始慢慢注意自身和环境之间的关系。一岁半到两岁是孩子自我意识迅猛发展的阶段。心理学家做过一个实验叫"胭脂测试"。把红色的胭脂擦在孩子的鼻尖上，然后把孩子放在镜子面前，观察孩子是去触摸镜子里自己影像上的胭脂还是自己鼻子上的胭脂。结果发现年幼的孩子都是去摸镜子里的胭脂，到了1岁半至两岁，孩子开始摸自己鼻子上的胭脂。说明孩子已经明白镜子里的影像和自己的身体之间的关系。有意思的是，这个年龄的孩子开始第一次用人称代词"我"来代表自己，连用手语的聋哑儿童也不例外。由于自我意识的迅速发展，在行为上也有很多特别的变化，这个阶段也叫"可怕的两岁"。很多孩子用两个基本的手段来确立自己和别人的差别。首先是对别人说"不"。通过否定别人，来突出自己的特别。第二，用对人和物的占有来标志自己的权力。如果你知道了这个规律，当孩子接近这个年龄的时候，你要提前做好应对的策略。首先要学会尊重孩子。虽然在此之前孩子对你不但依恋而且百依百顺，但你要意识到孩子的反抗已经不远了。除了温柔而坚定的态度，你还要学会让孩子选择。请你比较一下孩子在哪种情况下更容易说"不"。

A.妈妈："吃青菜。"

B.妈妈："宝宝是先吃青菜还是先吃黄瓜？"

在对物的占有上，充分满足他合理的需要。例如他的小床、他的玩具、他自己的物品都可以按照他的要求摆放。你也可以把他的照片贴在他的床上，客人来的时候也可以让客人参观一下，不要忘了说一句："这是我们宝宝自己的小床。"当然，这个年龄也要开始教育孩子学会分享。但是一开始的分享是和爸爸妈妈或者还依赖的人之间进行，在分享的过程中想方设法让孩子感觉到分享不但不一定是失去，有时还有更大的乐趣。在此基础上才慢慢地学会和别的小朋友分享。这一步一开始还需要有父母的介入。

孩子的自我意识除了受自身心理发展的影响，有时候也会受环境突然变化的影响。例如上幼儿园就会让孩子自我意识产生巨大的变化。在家庭环境下，孩子往往是众多大人的注意中心，需要也随时能够得到满足。但是到了幼儿园里，自己就和周围的小朋友平等了，情感依恋的资源也突然不见了。所以常常会引起很多自我意识的变化。有的孩子有一种突然被父母抛弃的感觉，安全感受到了很大的损伤。所以在这里我要特别谈谈帮孩子完成入所入园过渡的问题。

上托儿所对孩子的挑战在于较大的环境、活动和人际关系的变化。首先，从熟悉的家变成了陌生的教室。其次，从比较自由的自发活动变成了有组织的集体活动。最大的变化是人际关系的变化。不但自己可以依恋的对象不见了，而且自己从社会关系的中心变成了非中心。现在有些幼儿园也开始有了入园的过渡。例如，开学前有老师的家访，小朋友参观自己的教室，看到自己的照片贴在了衣柜上，一开始可以有半天时间让妈妈来陪伴，等等。这些都很好，都是在环境、活动、人际关系上减少变化的反差。在这里，我补充一个可操作的方案，那就是在开学前帮孩子找到一个或两个同班同学，在开学前几个家庭就开始相互交往，建立家庭间的大人和孩子的关系。在第一个星期这几个家庭先在外面集合，然后一起把孩子送入教室。由于这样能让孩子之间产生相互的情感支持，入园的过渡就比较平缓。

总之，懂得孩子自我意识发展的规律和需要，能帮助我们在不同的人生阶段让孩子的自我意识得到健康发展。在运用发展规律教育孩子上有三类父母。第一类父母知道了孩子自我意识的发展规律，心理上和行为上都有准备了，防微杜渐，孩子过渡得比较平稳。这种父母是先知先觉型的父母。第二类父母是要看到孩子的行为有了变化，才去学习明白为什么。这是后知后觉型。最糟糕的是碰到那些情况后束手无策，只知道发脾气的父母。他们属于永远糊里糊涂的不知不觉型。

来自父母客观具体的评价

孩子产生怎样的自我意识与在环境中得到的对自己的评价有着密切的关系。而在发展早期，父母对孩子的表扬和批评对孩子形成积极客观的自我意识有着直接的影响。表扬和批评都是教育的艺术，需要父母好好学习。其实表扬和批评就是爱和规矩的一种表现形式。前面关于爱和规矩的原理都可以运用在表扬和批评中。例如第五章中讲到做规矩时要考虑孩子的动机，给予的惩罚要孩子自己能够接受等，在表扬孩子时也一样。在这里，我要探讨如何通过客观具体的表扬和批评来培养孩子客观的自我意识。

很多家长认为，只要多表扬，孩子就会变得积极自信，就会勇敢地面对挫折。但是心理学的研究结果并没有完全支持这样的设想，单纯地提高表扬频率对孩子产生积极客观的自我非但没有帮助，反而会有损害。进一步的研究发现，表扬的效果取决于为何表扬和如何表扬。首先，有效的表扬要建立在孩子真正付出努力的基础上。因为孩子付出了努力，他自己能感到自己配得上这样的表扬，心里很踏实。这样的表扬对增加孩子的自信有很大帮助。根据这个原理，我们在判断孩子某个行为是否值得表扬时，应该考虑他们的年龄和实际的能力。其次，表扬的内容要具体客观。同样是表扬孩子的绘画，读了下面两句话，你觉得有什么不同感受吗？

A.妈妈："宝宝画得真棒。"

B.妈妈："宝宝把这个小朋友的眼睫毛都画出来了，真仔细。"

如果总是简单笼统地说"你真棒""真聪明"，对孩子的表扬会越来越没有力量。动不动就这样表扬孩子，会让孩子觉得这样的表扬很廉价，甚至会影响父母在孩子面前的威信。

和表扬一样，批评也要考虑孩子行为的动机，需要就事论事。和笼统简单的表扬相应的是给孩子贴标签。下面两句话同样是批评孩子做错了数学，你读了有什么不同的感受吗？

A.爸爸："又错了，你笨死了。"

B.爸爸："你好像已经三次忘记进位了，是因为特别难吗？"

如果你每天对孩子说20遍"你真棒"，孩子长大未必一定棒。但是你每天对孩子说20遍"你真笨"，孩子长大了就真的笨给你看。因为你这样贴标签式地批评孩子，非但不能帮助孩子注意到自身具体的问题，而且会让孩子不知不觉接受你给他的品质能力贴上的负面标签，产生不客观的自我评价。以后碰到困难就会畏缩："反正我很笨。"相反，具体客观的批评不仅可以引导孩子注意需要改进的具体问题，更重要的是可以避免对孩子自尊心的伤害。很多时候我们用情绪、用标签来批评孩子，却从来没有意识到对孩子自尊的伤害。下面是几年前我所目击的一个例子。

那是一个冬天的傍晚，天早早黑了。当我路过上海一小区游乐场时，秋千滑梯上的孩子们都回家了。迎面走来一对母女，手拉手边走边说着话。女孩大约6岁，话很多，而妈妈满脸严肃，一言不发。当女孩提出一个要求时，妈妈停下脚步突然开口了。

孩子："妈妈，明天我做完作业以后，你让我到这里来玩一会儿吧？"

妈妈："不要这样假惺惺的，想玩就直接说。说什么明天，说得这么可怜干吗？"

看到孩子低下头不敢看她时，妈妈又冒出这样一句话："想玩现在就去玩一会儿吧，以后不要这么假惺惺的。"女孩松开了拉着妈妈的小手，缓慢地走向秋千……

我当时真想上去和这位妈妈讲几句，但又怕当着孩子的面说妈妈会伤害到孩子。我不知道这位妈妈是否那天自己有不高兴的事情才这样对孩子说话。要知道你这样说话对孩子有多大的伤害。虽然表面上你满足了孩子玩的需要，但是却损伤了孩子的自尊心。你为什么说你的女儿提这个要求是"假惺惺"呢？要知道你的孩子是多么渴望能在小区的游乐场上和小朋友玩，她能说"明天我做完作业以后"再玩是多么不容易。这个年龄能有这样的自我克制是高情商的表现。你对孩子的优点感受这么愚钝，还要一次又一次地说孩子"假惺惺"，想一想你被别人说"假惺惺"或者"虚伪"，你自己是什么感觉？这是给一个人的品质贴上负面的标签啊。既然自己不喜欢被别人这么说，为何要这么轻易地对自己的孩子说这些伤害的话呢？你每天这样说，这个孩子会"如你所愿"，真的能学会假惺惺和虚伪。

这件事情过去很久了，那个女孩在黑暗中缓缓走向秋千的背影时时还会浮现在我眼前，仿佛是在责备那天我没有上去和这位妈妈理论。现在我把这件往事写出来，但愿能对我们年轻的父母们有些警示：我们要提高孩子的情商，先提高自己的情商。

来自父母积极而又客观的期望

孩子有怎样的自我，在很大程度上取决于父母怎样看孩子，怎样期待孩子。关于教育者的期待有一项非常有名的研究，它所揭示的原理叫"皮格马利翁效应"。

皮格马利翁是古希腊神话故事中的一位有名的雕塑家。他精心地用象牙雕塑了一位美丽可爱的少女。他深深爱上了这个"少女"，并给他取名叫盖拉蒂。他还给盖拉蒂穿上美丽的长袍，并且拥抱它、亲吻它，他真诚地期望自己的爱能被"少女"接受。最后，他的真诚期望感动了一位女神，她使雕像有了生命而让皮格马利翁如愿以偿地获得真爱。

后人用皮格马利翁效应来表达赞美、信任和期待的巨大作用。哈佛心理学家罗森塔尔是第一个用实验的方法揭示教育中的皮格马利翁效应的。他在考查某校时先让学生参加了一项没有什么意义的测试。随意从每班抽3名学生共18人写在一张表格上，交给校长，极为认真地说："这18名学生经过科学测定全都是非常有潜质的人才。"事过半年，罗森塔尔又来到该校，发现这18名学生的确超过一般，长进很大，再后来，这18人全都在不同的岗位上干出了非凡的成绩。由于他这项首创性的研究，后来也有人把教育中的皮格马利翁效应叫罗森塔尔效应。

根据罗森塔尔的分析，主要有如下四个社会教育心理机制：一是气氛，即对他人高度的期望而产生了一种温暖的、关心的、情感上支持所造成的良好气氛；二是反馈，即教师对寄予期望的学生，给予更多的鼓励和赞扬；三是输入，即教师向学生表明对他们抱有高度的期望，教师指导他的学生，对学生提出的问题给予启发性的回答，并提供极有帮助的知识材料；四是鼓励，即对所期望的学生，教师总给以各种各样的鼓励，使他们不断朝向期待的方向发展。

既然在教室里能产生皮格马利翁效应，在家庭里也同样可以。罗森塔尔所总结的四个社会心理机制概括起来就是积极而又客观的期待加上爱的鼓励，这些都是爱的具体体现。由爱而产生积极互动，使你对孩子积极客观的期待成为孩子自己积极客观的自我意识和相应的努力。后来罗森塔尔还提出影响积极效应产生的两个重要因素：期待目标的可能性和期待者的权威性。期待目标实现的可能性大，就说明父母的期待既客观又积极，是一种理性的体现。而期待者的权威正是通过规矩而建立。所以，简单地说规矩和爱的气氛是产生家庭皮格马利翁效应的基础。罗森塔尔提出的这两个重要因素具有非常重要的现实意义。现在很多专家提倡赏识教育。我不否认赏识鼓励的重要性，但是不是一味夸奖孩子，对孩子说"你能行"，就能产生积极的效应。如果目标不客观，你说行，结果还是不行。等你下次再说"行"的时候，孩子就开始怀疑了，因为你在孩子面前的权威降低了。赏识教育还是要依赖家长的权威，依赖所设定目标的合理性。

让孩子学会谦卑

　　谦卑是一种美德。谦卑是建立在稳定而客观的自信之上。所以谦卑不是自卑。没有爱的规矩造成的结果是自卑，而带有爱的规矩培养的是谦卑。谦卑和敬畏是分不开的。人因为有真正的敬畏才能谦卑。培养孩子的敬畏和谦卑是中国传统教育的精髓所在。可惜的是，在过去的半个世纪里，中国大陆经过很多场政治革命很多人已经远离敬畏，也不知道真正应该敬畏的是什么。所以，要恢复中国传统文化，首先需要恢复的是敬畏教育。我们中国的父母特别要为自己好好补上这一课。虽然谦卑是需要一辈子学习的功课，但是你让孩子在他们的人生早期就看到一个谦卑的父母，这是对他们一生最大的祝福。在本书第四章中已经有详细的论述敬畏的重要性。在这里我用意大利名著《爱的教育》中的一个例子来说明怎样为孩子树立一个谦卑的榜样。故事发生在一个小学的班级里。

　　卡罗·诺琵斯因为他父亲是上等人，很是高傲。他的父亲是个长有黑须的沉静的绅士，差不多每天午辰都要陪伴着带琵斯到学校里来。昨天，诺琵斯和培谛相骂了。培谛年纪顶小，是个卖炭者的儿子。诺琵斯因为自己的理错了，无话可辩，就说："你父亲是个叫花子！"培谛气得连发根都红了，不做声，只簌簌地流着眼泪。好像后来他回去向父亲哭诉了。午后上课时，他那卖炭的父亲——全身墨黑的矮小的男子就携着他儿子的手到学校里来，把这事告诉了先生。我们大家都默不作声。诺琵斯的父亲照例正在门口替他儿子脱外套，听见有人说起他的名字，就问先生说："什么事？"

"你们的卡罗对这位的儿子说：'你父亲是个叫花子！'这位正在这里告诉这事呢。"先生回答说。

诺琵斯的父亲脸红了起来，问自己的儿子："你曾这样说的吗？"诺琵斯俯了首立在教室中央，什么都不回答。他父亲捉了他的手臂，拉他到培谛身旁，说："快道歉！"

卖炭的好像很对不住他的样子，连连说："不必，不必！"想上前阻止，可是绅士不答应，对他的儿子说：

"快道歉！照我所说的样子快道歉，对于你的父亲，说了非常失礼的话，这是我所不该的。请原谅我。让我的父亲来握你父亲的手。要这样说。"卖炭的越发现出不安的神情来，好像在那里说"那不敢当"。绅士总不答应。于是诺琵斯俯了头，用断断续续的声音说：

"对于……你的父亲，……说了……非常失礼的话，这是……我所不该的。请你……原谅我。让我的父亲……来握……你父亲的手。"

绅士把手向卖炭的伸去，卖炭的就握着大摇起来。还把自己的儿子推近卡罗·诺琵斯，叫用两手去抱他。

"从此，请叫他们两个坐在一处。"绅士这样向先生请求。先生就令培谛坐在诺琵斯的位上，偌琵斯的父亲等他们坐好了，才行了礼出去。卖炭的注视着这并坐的两个孩子，沉思了一会儿，走到座位旁，好像要对诺琵斯说什么，好像很依恋，好像很对不起他，终于什么都没有说。他张开了两臂，好像要去抱诺琵斯了，可是也终于没有去抱，只用他那粗大的手指在诺琵斯的额上碰了一碰。等走出门口，还回头向里面一瞥，这才出去。

先生对我们说："今天的事情，大家不要忘掉。因为这可算这学年中最好的教训了。"

在这个故事中，这位绅士爸爸不仅用严厉的规矩告诉孩子对和错，还用他那绅士般的谦卑以身作则引导孩子从高傲的误区中走出来。这位既有规矩又有爱的好爸爸是一位真正的绅士。

顺便介绍一下，《爱的教育》是1923年由夏丏尊先生翻译介绍给中国的读者。先生在《译者序言》里说：他在1920年得到这部小说的日文译本，一边读一边流泪。他说他把自己为人父、为人师的态度跟小说里写的相比，惭愧得流下了眼泪；又说小说固然是虚构的，但是他觉得世间要像小说里写的那样才好，又感动得流下了眼泪。他当时许下心愿，一定要把这部小说译出来，不光是给孩子们读，还要介绍给父母们和教师们读，让父母和教师都跟他一样，流一些惭愧的眼泪、感动的眼泪——他认为这比给孩子们读更为重要。

总之，作为父母要意识到建立客观积极的自我的重要性。它是高情商的基础和核心。一个孩子能客观地认识自己是幸福人生的开始。而只有规矩和爱的结合才能培养出客观积极的自我。

情商要素之二：
帮助孩子学会控制自己的情绪

在高尔曼的情商体系中的第二大要素是自我调控（self-regulation）。英文中的 regulation 有管理、控制和规范的意思。高尔曼对自我调控的解释是：人对自身负面情绪和冲动的控制及重新调整能力，延缓判断和行动前思考的习惯。简单地说就是用理性来管理情绪、作出判断和指导行动。

下面我就从两个方面来探讨如何培养孩子这方面的能力：用自己的理性引导孩子的情绪；用延缓满足培养孩子克制和等待的能力。

孩子有情绪并不可怕，可怕的是什么事情都来情绪，来了情绪长时间不能恢复。孩子的情绪反应和情绪管理能力虽然和个性倾向有关，但主要还是受环境，特别是父母的影响。很难想象不能很好控制自己情绪的父母可以培养出一个善于管理自己情绪的孩子。作为父母，不仅要控制好自己的情绪，还要用自己的理性去帮助孩子从情绪中引导出来。

我发现中国父母和美国父母在处理孩子摔倒后的情绪反应有很大的不同。下面通过这两种典型处理方法的比较，解释如何用理性引导孩子的情绪。

中国家长看到孩子摔跤后，会一个箭步冲过去，一把抱起孩子，非常情绪化地问孩子："哎哟，宝宝摔疼了吧？"可这样的做法是用自己的焦虑去强化孩子的恐慌，其结果会让孩子疼痛感加剧，哭得更厉害。无可奈何的家长最后就抱着孩子找到把孩子绊倒的台阶，然后对孩子说："宝宝，是这个把你绊倒的吧？宝宝看好了。"说完一面用脚狠狠地跺，一面说："我让你再把我家宝宝绊倒。"

在这个过程中，家长首先没有控制好自己的情绪，自然就无法把孩子从情绪中引导出来。最可怕的是最后一步用脚跺台阶，这样做是在传递给孩子一个非常不好的教育信息：你摔倒的责任在台阶，你是受害者。这样教育出来的孩子以后遇到困难或挫折时，他会首先怪罪周围的人或者环境，怨天尤人，长大后很难有对自己行为的责任感。再来看看美国家长的处理方式。

美国的父母看到孩子摔倒了，也会过去，不是一把抱起，而是蹲下来，头贴着孩子的头问："你没事吧？（Are you OK？）"这个时候孩子也有一定的情绪，但听到父母理性的声音，孩子常常能回答说："OK。"这种情景下，孩子能说出这个简单的"OK"就是了不起的能力，一种从情绪中迅速恢复理性的能力。因为语言的对答标志着理性的恢复。当孩子自己起来后，父母指着台阶说："宝贝，你可能没有看到这里有台阶，下次要小心啊。"

在这个过程中父母不仅用理性的语言去关心引导孩子的情绪，而且在孩子的理性恢复后用爱的口吻传递给孩子一个重要信息：摔倒了是你自己的责任，所以你要自己小心。

中美两种不同的处理方式会让孩子产生不同的自我意识、情绪感受和控制情绪的能力。在美国确实看到大部分摔倒的孩子，都是自己爬起来，若无其事地拍一拍继续前进。

在这个例子中我们可以看到语言在调节控制情绪中的重要作用。有时候能用语言把父母自己和孩子的情绪感受讲出来。年幼的孩子往往是把情绪用行为发泄出来，作为父母要帮助他们把情绪说出来。例如看到孩子哭泣时，可以抱着孩子说："妈妈知道你很伤心，对吗？"通过这样给孩子的情绪命名的方法可以从两方面帮助孩子。首先，可以帮助孩子理解自己所处的情绪状态，以后孩子也会慢慢学会把情绪感受说出来。其次，让孩子感受到你对他的关心和理解，这样被人接纳和理解能帮助孩子从负面情绪中走出来。另外，有时候父母自己很生气时，要给孩子做一个用理性的语言表达情绪的榜样："宝贝，爸爸真的很难受，很难受。"

抵制诱惑是高情商的重要标志，在谈到敬畏时，我谈到了中国古人意识到一人独处时抵制诱惑的不容易。所以提出了君子慎独是修身最艰难也是最重要的环节。孩子在面对诱惑时能慎独吗？斯坦福大学的心理学家在20世纪60年代做了一个轰动心理学研究的软糖试验（marshmallow test）。

心理学家把几百位四岁左右的孩子一一带到一间陈设简陋的房子里，然后给这些孩子每人一颗非常好吃的软糖。但是告诉他们如果马上吃，只能吃一颗软糖；如果等15分钟再吃，将奖励一颗软糖，也就是说总共可以吃到两颗软糖。绝大部分孩子都说希望能吃两颗软糖。心理学家就把孩子独自留在房间。孩子会面对那个软糖（诱惑）等上15分钟。这15分钟犹如15个小时那么漫长，大部分孩子无法抗拒诱惑吃掉了软糖，但也有一部分孩子抵制了诱惑。他们的自制力使他们不仅等到了第二颗软糖，也迎来了比别人更幸福的人生。因为实验结束后心理学家跟踪研究了这些孩子整整十四年，直到他们高中毕业。发现控制自己耐心等待的孩子在学业成绩和成就上都高于不能抵制诱惑的孩子。后者更容易沾染毒品，体重超标。

这个实验的结果很简单明了：人的自控能力大小跟人生成功与否有着密切的关系。但是，实验中孩子行为的一些细节更能让我们清楚地认识到独自面对诱惑时自己的软弱。

实验中只有一小部分孩子是一开始就迫不及待地把软糖吃掉的。大部分孩子都有一段非常挣扎的心理过程。他们看着看着就用小手碰一碰软糖，或者用鼻子闻一闻。这往往是被诱惑击败的开始。因为在此之后，就是用舌头舔一下，或者揪下一点点放在嘴里。然后就越陷越深，最后索性把软糖全部塞到嘴里。反观那些能坚持到最后的孩子，他们常常用一系列转移注意力的方法。例如，唱歌，自己做游戏，或者把软糖从自己的眼前拿开。他们成功的秘诀在于使用了正确的策略来暂时逃避诱惑。当我观看这一实验过程的录像时，这些细节引发了我去思考一个和情商密切相关的问题，那就是人如何认识自己本质的软弱？

《圣经》中耶稣亲自教导门徒应该怎样祷告，其内容后来被称为主祷文。其中有一句是（祈求上帝）"不要让我们遇见试探，救我们脱离凶恶"。当时我觉得很不理解，既然上帝那么有力量，为什么我们只祈求逃避试探，而不是战胜试探呢？软糖实验中的孩子们让我明白，在没有人神合一之前，人就是那么软弱，人不是神。所以人能认识自己在试探前的软弱是件好事。因为这样的客观自我认识能帮助我们在独自面对试探时作出正确的选择：逃避试探而不是去挑战试探。

我国台湾地区的现任领导人马英九长得英俊，读书也好，他获得哈佛大学的法学博士。80年代初他就因担任蒋经国的英文秘书成为公众人物。在台湾有很多女粉丝。30多年里，马英九却从未有过绯闻。有一次记者忍不住问马英九为何能面对诱惑而坐怀不乱。没想到马英九很坦诚地回答："若是有美女坐怀，我还是会乱了方寸的。所以我能做的就是不给美女有坐怀的机会。"能有这样的自警自省说明马英九比一般人更清楚自己软弱的本质。正是因为有这样清醒客观的自我认知，才有现实中逃避诱惑的生活睿智。我猜想马英九小时候参加软糖实验的话，一定能等到第二颗糖。

反观现实，我们很多成人就像软糖实验中的大部分孩子，因为直接挑战试探而一点点陷入诱惑不能自拔。特别是一些有钱有权的人，他们面临的试探比一般人要多，如果对自己的软弱没有这样客观的认识，很难从试探面前走过去。看到很多贪官就像软糖实验中的孩子都是一点点陷入诱惑的。见人恶，即内省。先不要痛骂那些贪官们，每个人不妨自己内省一下。我曾仔细阅读过一些落马的职位较高官员的成长资料，我发现他们是一群能力超众的人。不仅是智力，道德水准和自我克制能力也比一般人强。否则他们很难升到这么高的职位。不幸的是，在中国目前的环境中，他们遇到的诱惑是难以想象的。每个人在内心深处都有一些自己过不去的诱惑。如果没有敬畏，没有对人性的弱点有清醒的认识，在中国做官实在是个高风险的职业。我们常人不要误以为自己一定有战胜试探的能力，而是应该庆幸自己没有遇见这样的试探。

由于近几十年中国社会的变化，我们的孩子在成长过程中所遇到的诱惑要比我们大得多，培养孩子面对诱惑的能力是情商教育中一个重要环节。这方面，对年幼的孩子来说，一个可操作的训练就是用延缓满足来让他们学会等待。

在日常生活中，我们常常看见一些年幼的孩子，如果父母对他们的要求稍有不从，或只是满足稍微慢一点，就大哭大闹。这样的孩子长大了除了不能抵制诱惑，还会因为自控能力差引起其他一系列的问题。如做事缺乏耐心，缺乏独立能力，学习不能专心等。问题的主要原因就是父母没有在一开始就注意延缓满足的训练。就像卢梭在《爱弥尔》中描述的，从小对孩子百依百顺，最后培养出来的一定是个"小暴君"。以后你的延缓和不从在他眼里就是不能容忍的背叛，他一定要用自己的暴力来征服你的背叛。

延缓训练的原则是合理、自然、循序渐进。孩子的有些要求即使是合理的，也可以等一会儿再满足他。如孩子有点口渴想喝水，这个要求当然是可以马上满足的，但是有时妈妈可以告诉孩子说："妈妈知道宝宝渴了，水有点烫，妈妈帮你吹，一会儿就能好。"孩子在等待的时候还可以问一个孩子感兴趣的问题，这样的等待就自然。孩子看到你也在帮他一点点接近目标，等待过程就容易。最后孩子喝到水了，千万不要忘记夸奖孩子能够等待。这样的过程让孩子看到等待行为两方面的价值。首先自己的等待在妈妈眼里很有价值（被夸奖）。其次，通过等待，得到的是更好的结果。就像软糖实验中的孩子一样，等待不是意味着失去，而是双倍地得到。

　　制定规矩也是训练延缓满足的一个重要手段。如果事先有明确的规矩，孩子就比较容易接受延缓满足。例如，我自己每次吃饭第一口总是吃饭而不是吃菜，这就是小时候父亲的规矩。孩子有些要求的满足可以让他先付出一定的努力。这样在延缓满足孩子要求的同时，也可以锻炼孩子的其他能力。例如孩子要你读第二本故事书时，你可以要求孩子先把第一本书放回书架。这样既锻炼了孩子的等待能力，又能帮助他养成物归原处的好习惯。随着孩子年龄的增加和自制力的增强，等待的难度可以随之加强。例如，孩子很想要某个玩具，而你也觉得合理。你不一定要说："妈妈这就给你去买。"可以告诉孩子："你可以得到这个玩具，但妈妈有个小小的条件，那就是你要每天坚持自己刷牙，如果你能坚持一周，妈妈就买给你。"往往孩子能坚持一周，就能养成自己刷牙的习惯。

　　在延缓满足的训练中我们依然可以看到规矩和爱的核心作用。训练的成功与否很大程度上取决于平时家庭的规矩状况和父母的权威。父母有权威，平时的规矩一致性高，再加上父母能体贴孩子的合理需要，孩子就容易接受，训练的效果就好。等待的动机就会自然从他律内化成自律。

　　总之，和别的教育一样，在帮助孩子学习调控情绪中，父母自己在孩子面前的情绪控制起着关键的作用。如果你能在孩子面前树立控制情绪的榜样，孩子也会潜移默化地学会控制自己的情绪。相反，如果父母自己总是无法控制自己的情绪，孩子也会变得急躁而不讲道理。在这些年的父母培训中，我发现很多情感上受过伤害的单身妈妈由于不能控制自己的情绪而让孩子的情绪发展受到很多负面的影响。由于这样的情况非常普遍，所以我在这里想特别谈谈单亲妈妈的情绪处理。

单亲妈妈如何调整自己的情绪

有一次,一位刚刚走出三年痛苦婚姻的妈妈在讲座后问我怎样才能教育好孩子。记得我当时说了三点:

第一,如果这个父亲对孩子还是爱的,不要排斥这个父亲对他的爱。尽量不要让你对他的怨恨让孩子付出代价。在教育的问题上你还是要和他的父亲商量。

第二,不要做怨妇,孩子是无辜的。不管你有多少眼泪,都别当着孩子的面流。不要把你对孩子父亲的不满滔滔不绝地对孩子诉说,因为这会把你自己的负面情绪延续到下一代。

第三,不要封闭自己,要让自己和孩子都有适当的社会交往。

美国著名的律师和社会问题专家维克特(Richard S. Victor)对离异父母曾经说过一句非常精辟的话:你给孩子最好的礼物是他爱另外一位父母的权利。(The greatest gift you can give your children is the right to love the other parent.) 与之相反的是,有的妈妈感情受到对方伤害,却用孩子去报复。要记住,你向对方射出的每一支复仇之箭首先穿过的是孩子的胸膛。有的单亲妈妈为了孩子愿意付出青春和事业,但是她眼里孩子对她最好的回报是孩子加入她的行列和她一起憎恨报复对方。让自己最爱的孩子学会最可怕的恨,不觉得荒唐可悲吗?孩子长大能幸福吗？所以不要带着怨恨去教育你最心爱的孩子。为了孩子的幸福，首先要克制自己的情绪，提高自己的情商。

　　我曾经见过一位非常有智慧的单亲妈妈。孩子的爸爸因为情感的背叛而离开她和孩子。但这位妈妈从来不在孩子面前说他爸爸的不好，相反常常告诉孩子，爸爸也很爱他。有一天，孩子的姥姥来看小外孙，突然当着孩子的面骂起以前的女婿如何不是东西，孩子的妈妈平时对姥姥很孝顺，但这次却把姥姥拉到一旁很严肃地说："妈妈，请你不要这样说。"事后姥姥也很委屈，晚上当孩子入睡以后，妈妈才流着泪对姥姥说："妈妈，我知道白天你说的是对的。作为一个丈夫，他确实不是东西。但你不能对着孩子这样说他，更何况他还爱着我最爱的人啊。"我相信，当这个孩子长大成人后知道曾经发生在父母之间的事情，眼中的母亲一定很伟大。所以，如果你有智慧，自己的人生挫折一样可以变为自己和孩子一起成长的机会。

第七章

情商（二）
用规矩和爱帮助孩子成长

积极客观的人生目标是幸福成长的保障

规矩和爱能帮助孩子在挫折中成长

要让孩子感受他人的感受，

父母应该先接纳孩子的感受

全球化的时代更需要合作精神

情商要素之三：积极明确的内在动机

高尔曼对积极明确的内在动机的解释是："一种内在需要所激发的工作热忱，其目的不是为了外在的金钱和地位。例如对生命意义的一种洞见、工作的喜乐、学习的好奇、活动中充满着高峰体验。对目标有不懈的努力和执著的追求。"

简单地说，一个内在明确的动机不仅仅是帮我们发现一个明确的目标，还能让我们能战胜挫折实现目标，并能享受整个努力的过程。在解释什么是这种内在明确的动机之前，我先讲一个哈佛幸福课的主讲者泰勒的故事。

当泰勒快从哈佛毕业的时候，找到了他的导师，希望导师能给他一些建议，帮助他找到自己可以不会厌倦的工作。导师拿给他一张白纸、一支铅笔，然后让他画一个大大的圆。告诉他这代表他能做的事情。所以第一件事情是把自己能做的和不能做的分开来。然后导师叫泰勒在圆里面再画一个圆，告诉他第二个圆代表的是你想做的事情。这两圆的相互关系很明确：你想做的是应该你能做的，否则就是好高骛远。紧接着，导师让泰勒在第二个圆里面再画一个更小的圆。这第三个圆代表的是你真正想要做的。还没有结束，在第三个圆里面还要画一个最后的小圆。泰勒一脸惘然地看着导师不知道这最后最小的圆代表什么。导师一个字一个字地说:"这是你自己真正真正想要做的,先在心里找到这个,然后在现实中去做。"

要找到这第四个小圆真不是一件容易的事情,可以说这世界上大部分人在离开这个世界的时候都没有找到自己的这个小圆,而是停留在外围三个圆的某一地方。要进入最核心的小圆需要把属于外在世界的功利和名誉一层层剥去,用真诚和勇气来面对自己的内心。有一本从英文翻译过来的人生励志书《标竿人生》(Purpose Driven Life),在2007年全球发行量就已经超过了三千万册。这本书的作者华理克告诉人们,每个生命来到这个世界都带有他独特的目的,一旦能够用自己的心去找到这个原始的目的,生命就会成为一种被这一真正目标驱动的人生。华理克所描述的这最纯真、最原始的动机和泰勒的导师所指的最后一个小圆有着极其相似的功能。就像高尔曼在解释内在动机时所描述的那样,它让你享受人生的过程,但又不会迷失方向,即使遇到挫折,也不会停下向着标竿前进的脚步。下面这个现实的例子会告诉我们这是一种怎样的人生标竿?它对生命又有怎样的影响?

有一个黑人女孩名叫柯琳思(MarvaCollins),她出生在美国种族歧视最严重的时代和地区。小时候她唯一最大的梦想是能有一份工作。后来这个愿望实现了。她开始在一家公司做秘书。但没过多久,她发现自己对教书很有热情,做一名教师,才是自己内心的向往,只是以前自己不敢这么想。于是她上夜校,几年后,她拿到了教师证书。

后来柯琳思去了芝加哥的一所公立学校,芝加哥的犯罪率之高是全美有名的。很多学生厌恶学习,厌恶学校,一旦离开学校就很容易吸毒并加入街头帮派。怎样让学生更长时间地待在教室里呢?柯琳思用爱心和尊重感化她的学生,她在学校里教一年级到四年级,慢慢地,她的学生,那些认为"不可教"的学生,到了四年级就可以读爱默生和莎士比亚的作品了,十岁的学生就可以做高中的数学。

但是有人嫉妒并恶语中伤她。柯琳思便离开了这所学校。但那时她已经非常明确自己的使命，那就是当老师挽救那些即将堕落的灵魂。她开办了自己的家庭学校。给学生上课就在她家的厨房里。一开始只有四个学生，其中两个还是她自己的孩子。渐渐地，更多的学生来到了她的家，来的学生很多都是从公立学校退学的，还有很多街头的小混混。学生越来越多，她就在外面租了一间房做教室，冬天寒冷无比，夏天酷热难耐，但是学生们的学习热情很高。奇迹在柯琳思的学生身上发生了，柯琳思所有的学生没有一个辍学。更让人惊讶的是，那些被别的学校认为"不可教"的学生，无一例外都上了大学。

柯琳思数十年生活贫困，然而她努力平衡学校开支，因为很多学生都缴不起学费。这些日子还是熬过去了。1979年，情况一夜之间发生了变化，CBS《60分钟》栏目的制片人得知了柯琳思的故事之后，制作了15分钟的节目，她一夜成名，1980年，美国新当选的总统里根打电话给柯琳思请她做教育部部长，但柯琳思拒绝了他的邀请，她说："我知道我应该做的事情就是和我的孩子们在一起，我太喜欢教师这个职业了。"八年后，新当选的总统老布什再次打电话请她做教育部部长，她再一次拒绝。是什么原因让美国两任总统选择柯琳思做教育部部长呢？很清楚，柯琳思找到了最最核心的那个小圆，找到了自己人生的标杆。正是因为如此，她可以坦然面对挫折；正是因为如此，她能如此享受过程。

柯琳思找到了自己的小圆，不仅让她自己的生命百折不挠，也为她的学生寻找自己的人生标杆树立了榜样。今天柯琳思的学生遍布全美，有政治家、著名律师和医生，但更多的是教师。

柯琳思是我的人生榜样。我和大部分人一样都在寻找自己的第四个小圆。我们大部分人的工作动机主要还是外在的金钱和地位。这最多是第二个圆，"你想做"的范畴内容，还没有到达第三个圆，"你真正想做的"。更不要说最核心的"你真正真正想做的"。因为停留在第二个外圆，我们的幸福稍纵即逝。虽然有很好的生活条件，但还是不幸福。这种不幸福让我们每天长时间地做自己不得不做的事情。可怕的是这种不幸福的感受在向孩子们蔓延。不要说真正喜欢学习的孩子凤毛麟角。就是在自己喜欢吃什么这个简单的问题上，很多孩子也失去了方向。就像下面的例子。

妈妈：中午想吃什么？

孩子：随便。

妈妈准备好了鸡翅膀，招呼孩子吃饭。

孩子：鸡翅我不要吃。

妈妈：你不是说都可以吗？那你到底要吃什么？

孩子：随便，反正不要吃鸡。

这个孩子光知道自己不要什么而不知道自己要什么。这样的孩子无论学业怎么优秀，他的人生一定是迷失的人生。相反，一个人能找到内心真正的动机后，不仅人生有方向，即使遇到挫折也能迅速恢复，继续向着标竿直跑。这种在逆境中迅速调整恢复的能力就是抗挫力（resilience）。一个低情商的人由于游离于自己内心真正的目标，有一点小的挫折就跌倒，甚至毁灭。前面提到的那位卢刚就是这样。在遇到一点所谓的"不公正"时，就万念俱灰。在他的遗书中写道他之所以要选择毁灭，不仅因为对人失去了信赖，而且因为对所从事的研究彻底失去了兴趣，认为"现代物理是自己骗自己"。相反那位因枪击而高位瘫痪的受害人茜尔森，即使遇到了这样几乎毁灭性的打击，仍能坚持自己的人生目标："如果我不能帮助别人，我觉得自己不是个完整的人。"

要找到那个最小的圆，或者华理克所说的人生标竿，需要很长的人生探索和一次又一次对自己内心的叩问。很有可能在孩子离开父母时仍没有找到。作为父母可以让孩子从小意识到这个目标小圆的存在，并至少从三个方面帮助孩子有勇气和能力去接近并找到它。

用规矩和爱发展孩子的兴趣

在帮助孩子找到自己真正的兴趣时,父母既要有正确的培养动机,又要能发现孩子的特长,并通过持之以恒的学习让孩子的兴趣走得更远。

首先,父母要有正确的动机。培养兴趣应该以发展孩子的素质而不是以父母自己的愿望和功利为基本出发点。不少中国的父母希望子承父业,把复制自己作为培养目标。也有的父母让孩子帮他们实现自己没有实现的梦想。功利和自私的培养目的很容易伤害孩子的人格和学习兴趣,甚至会学什么恨什么。几年前,我在美国遇见一位中国学生。早期曾经在少体校接受过乒乓球专业训练,还是二级运动员。但却对乒乓球深恶痛绝。他亲口告诉我:"王老师,我看到球拍就想吐。"我大惑不解,他解释说:"以前训练都是父母逼着的,太苦了,拿了二级运动员能加分了,他们(父母)不逼了,我就不想再碰球拍了。"当功利的目标实现后,留下的只有憎恶和痛苦。

其次,父母要研究孩子,知道孩子的兴趣和才能。在这一点上年轻钢琴家郎朗的父亲郎国任真是独具慧眼。他自己懂得音乐,用自己细心的观察发现了儿子是个音乐天才。在一次采访中,郎国任是这样说的:"当他才两岁的孩子,在电视上听到《猫和老鼠》的音乐,就马上在钢琴上把它弹出来了。那时他还没学钢琴呢！就是在那一刻，我在心里认定了：天才！"郎国任还不放心，又请了很多专家确认自己的判断。然后不遗余力地培养孩子。我读了郎朗的自传《郎朗，千里之行：我的故事》，虽觉得郎国任逼迫孩子的许多做法很不可取，甚至非常危险。但是他在认定孩子的才能上确实比一般家长做得仔细、专业。当然仅仅发现孩子的兴趣还是不够的。孩子的原始兴趣就像是埋在土里的一颗种子，还需要在父母的帮助下抽芽破土。所以在培养孩子的兴趣时，我们要鼓励孩子持之以恒而不能浅尝辄止。在一些基础知识和基本功的训练上，还是需要一定的逼迫。

在培养孩子的兴趣上，困扰中国家长的一个问题是需不需要逼迫孩子做一些他们不喜欢的事情。现实中两种方式都有成功的例子。虎妈蔡美儿可以说是逼迫孩子的成功例子。而"股神"巴菲特却是不逼迫孩子的成功例子。他从来没有给孩子作任何人生选择，只是告诫他要持之以恒。最后小儿子靠自己的努力获得了音乐的最高奖——艾美奖。所以不要只被表面的逼迫和不逼迫所迷惑。如果你仔细读虎妈和巴菲特的育儿故事，你会发现虎妈有虎妈的爱，而巴菲特有巴菲特的规矩。他们不同的教育方式是规矩和爱在不同家庭文化中的体现。但是无论用哪种方式都需要父母有一个正确的培养动机。

培养孩子的责任感

　　确定和实现一个具有积极意义的人生目标必须以高度的责任感为基础。这种责任感首先是愿意对自身行为的负责任，然后才是进一步对他人和社会承担责任。美国的孩子表面上比中国的孩子拥有更多的权力，但是这种权力的基础是承担对自己的选择负责任的能力。很多中国的孩子往往会对父母理直气壮地要求："我的青春我做主。"其实，你的青春让你做主是一件再容易不过的事，问题是你的青春你能负责吗？如果不能负责，你就不能做主。权力和责任需要对应。

　　几年前在芝加哥机场转机时邂逅一位中年美国妈妈，她告诉我自己有一位很难教育的儿子，不断地索取，但是不愿意接受规矩。儿子的口号就是"我的人生我做主"。确实，在美国法律上也认为18岁孩子有权利开车，也可以对自己的人生作出选择。所以这个儿子在高中的后两年不听父母劝告浪费了很多时间。高中毕业了，儿子要求父母出钱送他去他想去的私立大学。结果这位美国妈妈对儿子语重心长地说："你已经到了为自己行为负责任的年龄，你原本是一个可以拿到奖学金的学生，但是你更愿意按你自己的方式学习生活，我们尊重你，但是到了今天，你就应该为自己的行为负责。所以你只能去社区大学（教育质量相对差，学费便宜）先学习两年。这两年中，你所有 A 的课程学费我们为你出，B 的课程我们出 2/3，C 的课程出一半的钱，C 以下的课程你自己出钱，你可以通过打工或者贷款获得你所需要的钱。如果你能在这两年中表现出对自己负责的能力，我们再谈转私立大学的可能。"我当时问这位妈妈："这样做难道你不担心孩子失去一个更好的受高等教育的机会吗？"这位端庄的美国妈妈严肃地告诉我："学会为自己负责，这是最重要的学习内容，如果因为上社区大学他学到了这门功课，那社区大学就是他最好的大学。"

这位美国妈妈是在告诫我们每一个父母：在千方百计为孩子创造好的教育条件的同时，不要忘了教育的本质是什么。

当然这位美国妈妈也谈到了自己教育的失误，那就是当孩子还小的时候，没有用规矩和敬畏让孩子通过感受自己错误行为的结果来明白承担责任的重要性。这正是我在第四章和第五章所详细讨论的内容。对孩子进行责任教育，在目前的中国社会，特别对一些富裕家庭既迫切又必要。因为这些家庭中的父母往往只注重对孩子物质的满足，却忽略对孩子责任心的培养。

"富二代"在中国之所以是一个贬义词，至少有两个相互关联的原因。第一是因为大众的仇富心态。就像在那个火红的年代，大家都恨地主，很自然地把地主的孩子叫成"地主的狗崽子"。这样的恨多少是缺乏理性的。因为中国有不少富一代是白手起家，通过合法的途径和辛勤的汗水积累了财富。第二是因为一些富家子弟的不良行为。例如杭州的飙车案，江苏新沂的宝马反复碾轧儿童案等。这些令人发指的恶行让原本有着仇富心态的大众对富二代更是不齿。对于这一点，他们的父母，富一代，就有着不可推卸的责任。

最近"股神"巴菲特之子小巴菲特将自己的成长经历写成一本书——《做你自己》（Life Is What You Make It: Find Your Own Path to Fulfillment）。作者多次提到老巴菲特对儿子选择什么职业非常开明，甚至说"我捡垃圾我爸都高兴……父母希望我和我的兄弟都能找到热爱的事业……假使我宣布我生活的乐趣是捡垃圾,我的父母看到我整天待在垃圾车上也会高兴。"但是老巴菲特对儿子责任性的培养却一点也不含糊。首先要求儿子大学毕业就要自食其力。不管做什么,你先为自己的生活负责。作为"股神之子",彼得·巴菲特的人生起点就是跟别人不一样,比如没有谋生的压力,容易追寻自己的梦想。小巴菲特却说:"我离开大学校园后,我也必须去谋生,比如我要为电台的商业广告谱曲。刚开始自己的职业生涯时,我只有很小一笔钱。那时,我必须想尽办法过一种完全独立的生活,不仅要还房贷,还有音乐设备等贷款要还,不过我认为这是人生必经的历练。"这一点得到老爸的肯定。他在该书中文版推荐序中亲自声明:"彼得的人生全凭他自己打造。"让孩子从小经历应该承受的磨难,这样他才会有负责任的人生。这就是巴菲特的教育理念。

如果出生在富有的家庭,可以说是一种幸运,也可以说是一种不幸。幸运的是可以比别人少受一些磨难多一些机会。但是如果没有对这样的条件有一种深深的感恩,没有对社会有一种强烈的责任,优越的条件只能让人欲壑难填,走向堕落。作为一位"世界上最有名的富二代"——小巴菲特深刻明白这一点,他在《做你自己》中说:"如果'富二代'不理解自己的幸运所在,也不想因此而回报这个世界,这对他个人和世界而言,都是一种悲哀。同样,如果'富二代'只关注外在的幸福高档车、豪宅、巨额财富,他们将无法理解真正的自我价值所在,也无法以有意义的方式,给世界留下光辉的一笔。"

要让孩子有这样的社会责任感,作为父母的富一代要用自己的行动做出好的表率。对自己拥有的财富要有一种敬畏。钱财是上帝托付我们的责任。上帝给你的钱财越多,索取的也越多,你所要负的责任也越大。如果没有这样一种警醒和责任,就像一些中国的富豪可以极尽奢华追求个人享受。这种胆大包天的行为，不仅让自己的灵魂堕落，也让孩子远离了敬畏，远离了责任。最后也会远离对你的尊重和亲情。当老巴菲特把 300 亿美元捐给世界首富比尔·盖茨及其妻子建立的"比尔与梅琳达·盖茨基金会"时，小巴菲特深为老爸一不为名，二不为利的慈善义举而自豪。而我们的富二代呢？你试试看，如果有一天你宣布要把自己的财产全都捐出去时，儿子如果不杀了你就要和你断绝父子关系。或许要等到那一刻，你才明白纯洁的父子亲情因为你的财富已蜕变成庸俗的金钱关系，一切是多么可悲啊。但是你也不要怪孩子，因为你自己是产生这一蜕变的始作俑者。

中国的富二代看上去很幸运，其实很不幸，因为父母的金钱对他们往往是一碗甜甜的毒药。很多人不能自食其力，更不要谈有什么社会责任感。但愿巴菲特的教子故事能让一些中国的富一代父母觉醒过来，在孩子面前做一个受尊敬的真正的富人。如果你没有敬畏，没有责任，即使你腰缠万贯也是一个穷得只剩钱的可怜人。

培养孩子的抗逆力

抗逆力就是当个人面对逆境时理性地作出建设性、积极性的选择和处理方法的能力。抗逆力一词的英文 resilience 的原意是物体受外力弯曲或变形之后能很快恢复能力。这样的恢复能力往往是内在生命力的体现。抗逆力作用可以拿树枝作比喻。秋风过后，地面上有很多散落的树枝，一种树枝掉落时间比较长已经干枯发黑，当你去试着折断时，一开始你会感觉到很硬，但你稍微用力，它就断成两截。另一种树枝刚从树上落下，甚至还带有绿色。这样的树枝虽然感觉上没有前一种树枝那么硬，但你要把它折断很不容易，因为它能弯曲能恢复，这样的树枝还带有生命力。同样，抗逆力就是一种生命的张力。

强大的抗逆力和终极的人生目标（动机的四个同心圆中那个最小的圆）有着不可分割的关系。首先，强大的抗逆力能帮助我们找到终极目标。人总要经过磨难才能找到自己的终极目标。那个终极目标就像是一颗埋在土中的种子，如果没有力量冲破泥土的压力，它就会被越埋越深，离人的意识越来越远。所以如果遇到挫折轻易放弃，我们就很容易迷失自己而失去方向。反过来，一个人找到了自己的终极目标，他的生命就更加坚韧不拔，遇到挫折就有更强的抗逆力。有一位华人牧师，一辈子传道。晚年却不幸得了肺癌，在弥留之际，呼吸困难，十分难受。

他的儿子是加州一个有名的医生，他就问儿子："这是不是肺癌病人最难受的时刻？"儿子痛苦地回答说："你感觉到是，就是吧。"这位牧师却面带微笑说："感谢主，让我在生命的最后时刻，体会到一点点耶稣钉十字架的痛苦。"这种逆境中的喜乐见证的是一个找到自己终极目标的生命何等强大。它能让我们勇敢地面对挫折甚至死亡。

需要指出的是，抗逆力与自我意识和自我控制有着密切的关系。客观的自我意识和有效的自我控制是强大抗逆力的基础。我们先来读一读下面的一则寓言故事。

有一天某农夫的一头老骡子，不小心掉进一口枯井里，痛苦地哀嚎着。农夫赶来看了看情形，决定放弃。因为这头骡子年纪大了，不值得大费周章去把它救出来，更何况这口井迟早还是得填起来。于是农夫请来左邻右舍帮忙一起将井中的骡子埋了。农夫的邻居们人手一把铲子，开始将泥土铲进枯井中。当这头骡子看到一铲接一铲的泥土落在身上时，开始绝望而歇斯底里。但出人意料的是，一会儿之后，就安静下来了。原来骡子忽然有了一个主意，每当泥土落在它背上时，骡子将泥土抖落在一旁，然后站到铲进的泥土堆上面！就这样，骡子将大家铲倒在它身上的泥土全数抖落在井底，然后再站上去。最后，这头骡子便得意地上升到井口，然后在众人惊讶的表情中快步跑开了。

让我们用谦卑的心来体会解读这骡子的故事。

这个寓言展示的是一种伟大的人生哲学：抖落泥土，升华自我。多少人却被生活中落下的一铲泥土所埋葬。一件不愉快的小事，我们会一个星期、一个月，甚至长年耿耿于怀。于是这一小铲泥土就把你的快乐、希望、平安都埋葬了。因为你非但不能抖落这负面的情绪，反而在上面孕育出毁灭性的仇恨和报复。骡子的获救是个奇迹，但是奇迹的发生需要一些关键的步骤。

首先，骡子改变的是自我意识：从一个可怜委屈的受害者转变成为一个积极勇敢的自救者。心没有死，于是就有了希望，有了信心。

其次，因为有了自我意识的改变，骡子就开始控制自己的情绪，改变了自己和环境的互动。骡子把人们铲下的埋葬自己的泥土化作了升华自己生命的奠基。这一过程中有两个动作"抖落"和"升华"。抖落是升华的前提。可惜的是，在现实中很多人往往是宁愿被埋死也不愿抖落。因为我们无法消化怨和恨。骡子当然有理由恨它的主人："我为你勤勤恳恳工作一辈子，你非但见死不救还要落井下石。"如果被恨充满，一个人就无法抖落。每一铲尘土都成了生命不能承受之重。

骡子故事的最后是高潮，他没有报复惊呆的人群，而是昂首走过他们。有的人在困境中和得意时完全是两副嘴脸。子系中山狼也。翻开中国的历史故事，多的是成者为王的道理。败者不是被杀就是卧薪尝胆，伺机复仇。少的是宽容和博爱。

骡子的故事告诉我们，生命的积极变化往往不是从改变外在的环境开始，而是从改变内心的自我意识开始。要培养孩子的抗逆力首先就要培养孩子客观的自我意识。其次，我们要让孩子在成长过程中经历挫折。人生原本就是一个在挫折中学习成长的过程，经历的挫折越早，所付的代价越小。

现在很多独生子女因为过多关爱而导致抗逆力下降。同样被老师当众批评，我们小时候虽然难受但是还能接受。现在的孩子就不一样了，甚至有一个大学生因为被老师批评没有做好接待新生的工作就自杀了。反观现在的孩子所面临的挑战和竞争要远远超过我们那个时代。这样的反差（脆弱的心理准备和更大的挑战）已经造成了很多社会问题。这样的现实就更需要加强从小的挫折教育。这应该成为父母给孩子准备的一门必修课。

其实让孩子经历规矩就是经历挫折。做规矩的一系列原则都适合对孩子的挫折教育。例如，做规矩需要爱，要让孩子在挫折中成长，除了他承担该承担的后果，同样离不开爱的陪伴。过分严厉的规矩所培养的孩子就像那干枯的树枝，虽然一开始强硬，但没有真正的生命力。轰动一时的药家鑫杀人案就是一个典型的事例。

2010年10月的一个晚上，有一个叫药家鑫的大学生驾驶一辆小轿车，从西安外国语大学长安校区开车回家，一个不小心，就将前方在非机动车道上骑电动车同方向行驶的张妙撞倒。当药家鑫看到张妙在记录自己的车牌号时，就持尖刀在张妙胸、腹、背等处捅刺数刀，将张妙杀死，让一起普通的交通肇事案演变成杀人案。药家鑫并没有任何前科，在同学家长眼里也是一个很有礼貌的青年。更让人不解的是，药家鑫的父亲对孩子从小就非常严厉。可以说药家鑫从小在家庭经历了规矩和挫折。当药家鑫伏法后，他的父亲非常后悔，他意识到造成悲剧的主要原因是早期对孩子的规矩过分严厉，导致孩子过分地害怕承担责任。在车祸现场，药家鑫唯一想到的就是逃避责任。我想如果其父在对孩子从小的严厉中能循序渐进，鼓励孩子承担能承担的责任，甚至和孩子一起承担一些责任，这个年轻人就有勇气面对车祸的责任，生命就不会停止在这个偶然的事件中。所以和孩子一起经历挫折，让孩子感受到父母的爱是培养孩子抗逆力的重要环节。

挫折教育要从小做起，从小事做起。尹建莉在《好妈妈胜过好老师》一书中曾经说过："在孩子幼小时，每一个生活细节都可能成为蕴涵重大教育意义的事件。"确实，只要父母自己留心，生活中到处都是教育挫折的好机会。例如，有一个孩子在游乐场上想玩秋千时，发现别的孩子正在玩，就开始有情绪。孩子的妈妈既没有自己直接找那个秋千上的孩子商量，也没有马上哄孩子去玩别的。而是抓住这次机会帮助孩子经历挫折。下面就看看这位妈妈的做法。

妈妈（蹲下来）：妈妈知道你很想玩，对吗？（说出孩子的感受是一种重要的交流手段，这样孩子会好受一点，因为他感到你的理解和爱)。

孩子点头。

妈妈：但是现在别的小朋友在玩，太不巧了。我们想想办法好吗？(把孩子从消极的负面情绪中引导出来，有积极面对的能力)。

妈妈：我们是不是可以和小朋友商量一下，他玩一会儿让我们玩一会儿，然后再让他玩，你说怎样？（教育孩子更具体的操作方式，让理性的语言替代感性的情绪。孩子的应答很重要，这样这个建议就是我们的方法而不是大人的方法，提供商榷的榜样。注意，这位妈妈一直用"我们"而不是"你"，让孩子感受到妈妈和自己在一起经历这个过程）

妈妈接着让孩子练习一下商榷的语言，然后自己和孩子走过去和秋千上的孩子交流。很多父母听到这个事例说在现实中别的孩子往往还是不肯让。虽然这样的结果还是会让孩子受到挫折，但这并不意味着这样的尝试是不必要的。相反，有时候过程比结果更重要。

当然，我们不要忘记父母总是孩子最好的榜样，如果我们自己有一个明确积极的人生目标、坚韧不拔的态度，孩子就会受到教育。现实中巴菲特做到了，虎妈做到了，狼爸也做到了。所以要改变孩子，先改变自己。

情商要素之四：培养孩子的同理心

同理心指站在对方立场设身处地思考的一种方式，即于人际交往过程中，能够体会他人的情绪和想法、理解他人的立场和感受，并站在他人的角度思考和处理问题。主要体现在情绪自控、换位思考、倾听能力以及表达尊重等与情商相关的方面。同理心是关怀等利他行为的基础，也是平等交流的认知前提。

培养孩子的同理心从几岁开始呢？对此问题，儿童心理学家曾有不同的意见。瑞士著名心理学家皮亚杰认为儿童要到6~7岁以后才能发展较好的同理心，因为在此之前儿童缺乏发展同理心的认知能力，因为他们都是处于自我中心阶段。但是加州大学伯克利分校的心理学家高普尼克和她的学生却发现，18个月的孩子已经有了明确的同理心。这个研究很有意思。她们让一个大学生在孩子面前故意装出很喜欢吃西兰花的样子。然后这个成人伸手向孩子要东西吃。这时，孩子面前有两盘食物。一盘是大部分孩子不喜欢吃的西兰花，另一盘是大部分孩子都喜欢吃的小鱼饼干。结果15个月的孩子都把自己喜欢吃的小鱼饼干给对方，因为他们从自己的喜好来推测他人的喜好，认为对方应该和自己一样喜欢吃小鱼饼干。而18个月的孩子则给对方西兰花。因为他们知道对方喜欢吃的和自己喜欢吃的不一样。所以，心理学家得出结论：15个月的孩子还是以自我中心，从自己的角度思考别人的需要。而到了18个月的孩子就能从他人的角度思考别人的需要。这样的实验结果提醒我们，对孩子的同理心训练一岁以后就可以开始。

怎样培养孩子的同理心呢？现代心理学的研究结果为我们提供了很多可操作的方法。这些方法可以概括成三个主要途径：让孩子理解自己的感受；聆听孩子，感受孩子的感受；帮助孩子换位思考。

让孩子理解自己的感受

理解和感受自己是理解感受别人的前提。当孩子小的时候，孩子只是本能地产生情绪和发泄情绪，而不会主动去想自己在什么状态。这时，父母可以用语言来帮助孩子去认识自己的情绪。最常用的方法是命名孩子的情绪。例如当孩子生气的时候，妈妈可以一面安抚孩子一面说："妈妈知道宝宝生气了，宝宝生气了。"这样的语言有两方面的作用，首先让孩子感到妈妈感受到了他的感受，这样孩子就会产生安全感，情绪也会得到平缓。其次，这样做在帮助孩子明白自己的情绪可以用"生气"这个词表达出来。当下次孩子再有类似的情绪时，妈妈就可以鼓励孩子用语言表达命名自己的情绪。"宝宝怎么了？""宝宝是生气了吗？"在情绪中的孩子能用语言交流，这是一个了不起的能力。当有一天你的孩子一面生气一面告诉你："妈妈，我很生气。"你心里就要充满喜乐了。

帮助孩子认识各种情绪也可以在平时自然状态下进行。很多父母常常让孩子用他们的脸部表情来表演各种情绪。例如："宝宝伤心的时候是什么样子啊？"不要以为这只是玩玩而已，心理学家发现当孩子在做伤心的脸部表情时，脑部的某些反应和孩子真正伤心的时候非常相似。这说明孩子不仅仅在脸上表演这样的情绪，在一定程度上其内心也在同步经历这样的情绪。

学会聆听，感受孩子的感受

在日常生活中，良好的亲子沟通是培养孩子同理心的最自然最有效的方法。如果一个孩子他内心深处的声音总是在交流中被父母仔细聆听到，这个孩子就自然会学着去感受别人的感受。相反，如果孩子的感受常常粗暴地被父母否认或曲解，孩子感受别人感受的能力就降低。但是要接纳孩子并不是一件容易的事情。首先，要承认孩子再小也是有着独立思想的个体，需要我们用谦卑的心去聆听。其次，要有勇气并以沟通的技巧去接纳和引导孩子。《如何说孩子才会听？怎么听孩子才肯说》是指导父母和孩子沟通的经典之作。里面有很多生动的例子。其中下面这则案例给我留下深刻的印象。

当年幼的女儿发现自己的宠物小乌龟死了，非常伤心，和父亲有了下列对话。

孩子：我的小乌龟死了，今天早上它还好好的。

父亲：不要这么伤心，宝贝。

孩子伤心地哭了。

父亲：不要哭，不过是一只小乌龟嘛，我明天再去给你买一只来。

孩子哭道：我不要另外一只！

父亲：不许不讲道理。

在上述对话中父亲的第一句话"不要这么伤心，宝贝"。看上去是在安慰孩子，实质上是在否认孩子的情绪。这种缺乏同理心的沟通最后产生情绪的对立，让孩子更加受伤。

《如何说孩子才会听？怎么听孩子才肯说》两位作者建议的正确方法如下。

孩子：我的小乌龟死了，今天早上它还好好的。

父亲：噢，不会吧？太让人震惊了！

孩子：它是我的好朋友。

203

父亲：失去朋友是很痛心的。

孩子：我还教它怎么玩把戏呢。

父亲：你们在一起玩得很高兴。

孩子：我每天喂它。

父亲：你对那只小乌龟真的是很有感情，它即使离开你，也不想看到你这么伤心，所以你要开心，它也会开心的！

在这样的对话中，父亲的每一个表达都是以先接受孩子的情绪作为前提，也有心理学家把这样的父母语言称作"接纳性语言"（language of acceptance）。通过这样的接纳性语言，父母不仅可以进入孩子的世界，也能让孩子因为自己被接纳而感受到父母的爱。

要能正确使用这样的接纳性语言，除了一些专业的培训，父母首先要能够学会聆听孩子。苏联著名教育学家苏霍姆林斯基曾经说过这样一段话：在每个孩子心中最隐秘的一角，都有一根独特的琴弦，拨动它就会发出特有的音响，要使孩子的心同我讲的话发生共鸣，我自身就需要同孩子的心弦对准音调。发现孩子这根弦实在不是一件容易的事。很多父母觉得孩子越来越陌生，那是因为我们从来没有找到过孩子的这根弦。很多时候不是我们不想找，只是我们无法停住自己的那根弦。当我们被自己的声音充满，哪里还能听到孩子内心深处那夏虫呢哝般的天籁之音呢？这声音虽然美妙，但却微弱，甚至稍纵即逝。因为它不能和世俗的呕哑嘲哳共存。所以我们要学会屏气聆听。

帮助孩子换位思考

换位思考是恻隐之心的认知前提，而恻隐之心又是仁爱伦理的基础。所以换位思考的能力不仅影响情商也关乎道德。"文化大革命"时期之所以发生那么多令人发指的兽行，就是因为用对立的阶级教育来野蛮地阻挡对最基本人性的换位思考。这段可怕的历史也在告诫人们，如果失去了换位思考的能力，人和禽兽相去不远了。

中国传统教育思想非常强调培养换位思考和对人的恻隐之心。孔子在《论语》中就提倡要"哀矜勿喜",就是对遭受灾祸的人要怜悯,不要幸灾乐祸。在《朱子家训》中也有这样两句话:"与肩挑贸易,毋占便宜;见穷苦亲邻,须多温恤。"第一句的意思是说跟那些做小生意的人打交道,不要去占人家便宜。三十年以前在中国还可以经常看到一些挑着担子走街串巷的小生意人,他们辛辛苦苦做点小本生意,很是不容易。不管严冬酷暑、刮风下雨都挑着货担起早贪黑赚点微利来养活一家人。如果我们这样换位思考,怎么还忍心去占人家的便宜呢?同样的道理,对穷苦的亲戚邻居,要多体恤同情。这都是在现实的生活情景中所进行的换位思考教育。

在生活中,父母要常常帮助年幼的孩子解读别人的情绪。例如可以和孩子一起讨论一个受害者的心态和感受。这个受害者可以是在实际生活中的真人,也可以是电视或者书本中虚构的人物。有时候甚至可以是植物和没有生命的座椅板凳。当孩子对这些植物和座椅板凳做出损害行为时,可以通过移情教育的方法帮助孩子从情感上感受自己的行为所造成的后果。另外,养小宠物也是培养孩子同理心的有效手段。要让孩子对父母的感受去换位思考往往比较困难,但他们对需要自己喂养的宠物进行换位思考却容易也很自然。如果父母能给孩子一些宠物的感受教育,效果就会更好。比如说:"你看狗狗起劲地摇尾巴谢谢你呢!它和你一样也喜欢出来玩。"

当孩子到了5~6岁,可以开始认知要求更高的换位思考,让孩子明白不同的人对同一件事情可以有不同的感受。例如妈妈可以和孩子讨论这样的情形:"一天早上下雨了,哥哥很不高兴,但是妹妹很高兴,这是为什么啊?"有时候可以培养孩子意识到对立的情绪有时同时存在一个人身上。例如妈妈可以给孩子讲这样一件事:"小明家的狗狗走丢了,第三天晚上狗狗自己跑回来了,但是它的一个耳朵上有一个很大的伤口。小明又高兴又难过，你知道为什么吗？"心理学家认为孩子要到7岁以后才能理解这种矛盾的情感可以同时存在。但是早期的类似训练对孩子进行换位思考还是会有帮助的。

如果说情商的前三项要素——自我意识、自我管理和内在动机——都是对自身的认识和管理，第四项要素——同理心就跳出了个体本身是关乎人和人之间的感受。但是一个人的同理心和他对自己的认识和管理存在着密切的关系。很难想象一个骄傲自满的人会去认真体会别人的感受，聆听别人不同的声音。所以要培养孩子的同理心，首先要帮助孩子能够认识自己、管理自己。

情商要素之五：交往合作的能力

我觉得美国的大学生最突出的一个能力就是团队合作能力。每次在课堂上进行小组讨论时，我只要把讨论的问题一布置，学生就自己形成小组，然后就有学生自愿担当组织者和记录者。在谈论中有不同的意见总是相互询问、相互聆听，最后组织者归纳出几点作为小组讨论的结果上台汇报分享。相反，我在中国在做教师培训时，很难组织起有效的小组讨论。老师尚且如此，更不要说学生了。

《世界是平的：一部二十一世纪简史》（The World Is Flat: A Brief History of the Twenty-first Century）是一本在2005年轰动美国的畅销书。作者是三获普利茨新闻奖的著名记者兼作家汤马斯·佛里曼（Thomas L. Friedman）。他分析了21世纪初期全球化的过程，认为"世界正被抹平"。这样全球化的时代对所需要的人才在合作能力上提出了更高的要求。这种的人才不仅能和来自不同行业的人合作，更需要和来自不同文化、具有不同价值观的人相互配合。这是发展的趋势。反观我们中国的下一代，由于独生子女政策等一些社会原因，很多中国的孩子在早期并没有很多学习与他人合作的机会，即使那些学习成绩优异的孩子，往往也非常自我中心。一旦走上社会就很难适应需要高度合作的社会和工作环境。所以从小培养孩子的合作能力，对现代中国家庭是一件刻不容缓的教育项目。

情商理论中所谓交往合作能力指的是能准确解读人际交往中的情绪，善于控制交往中的情绪变化。有领导、商榷和解决争端的能力，是一个好的团队工作者。从这个定义可以看出，交往合作能力是建立在前四项情商的要素之上，是集前四项之大成的具体操作能力。首先要能准确解读人际交往中的自我和他人的情绪。其次要调控好自己的情绪，明确自己和团队的责任和目标。最后才是可操作的一系列积极的交流技巧。所以前面四项情商能力之高低会直接影响最后一项社会交往合作的能力的高低。例如一个人有谦卑的态度、自我克制的能力以及对人对己负责任的习惯，自然就容易被别人接纳认可。在交往中也容易和人沟通。反之则会到处碰壁，举步维艰。

父母对孩子合作能力的早期训练需要遵守难度上的循序渐进和教育环境的自然两个基本原则。

培养孩子的合作能力

交往难度要循序渐进,最初的人际交往就是孩子和母亲建立的依恋。这人生第一项人际交往的质量会影响到后面孩子对环境和他人的互动质量。发展心理学理论中把高质量的母子关系定义为是在两个维度上的平衡:一方面依恋母亲,另一方面又能独立探索环境。心理学家认为这样的依恋关系可以产生健康的安全感。而这样的安全感是以后社会交往的基础。发展心理学的依恋理论对幼儿早期的社会交往训练有两方面重要的启发。首先,孩子的过分依恋会影响孩子对环境的探索和与他人的交往。其次,早期的人际交往训练的前提是孩子有安全感的满足。

第一步:建立孩子和母亲的依恋。在此基础上让孩子慢慢学会在母亲在的时候能够自己玩。为了达到这个目标,可以按以下顺序慢慢让孩子接受在身体上和母亲分离并开始自己玩。母亲抱着孩子—孩子坐在妈妈的腿上一起看书或玩—孩子和母亲分离面对面近距离玩—孩子独立地在母亲身边玩(母亲可以注视孩子)—把母亲和孩子的距离渐渐拉远—孩子能独立地玩,但母亲在房间里走动—母亲可以短时间离开,但让孩子知道母亲在哪里并能听到母亲的声音。注意要循序渐进,否则当孩子感到安全感受到威胁后会变得过分依赖而不能独立地玩。

第二步:在家庭环境中和陌生人的交往。例如有客人来访,由于是在自己熟悉的环境中又有父母在，孩子就有基本的安全感。注意一开始如果孩子不愿意，就不要勉强让孩子和客人交往。孩子往往是先躲在妈妈的怀里观察对方，在基本信任建立后才能有进一步的交往。可以在父母参与的情况下让客人参与和孩子玩一些有趣的游戏。另外早期的礼节习惯也可以帮助孩子比较自然地接纳客人。例如问候和道别等。最初这样的礼貌训练也应该用鼓励而不是逼迫的方式。让孩子在做这些事情的时候有愉快的感受。在孩子差不多两岁以后，第二步的训练中也可以邀请一个年龄相仿的小朋友来家里玩。同样，一开始一定要有双方父母的干预和组织。活动内容不需要太复杂，但需要有参与性。例如双方父母可以各自抱着自己的孩子把一个彩球滚到对方手中。这样的活动孩子既能满足安全感又开始了自然的交往合作。在活动过程中要多用鼓励的语言对孩子的每一次参与进行正向的评价和鼓励。

　　第三步：和熟悉的孩子在陌生的环境中交往。当孩子渐渐学会在自己家中和别的孩子交流后，你可以开始带着孩子到熟悉的小朋友家里玩。活动内容可以和第二步相似，只是在别的小朋友家里进行。

　　第四步：在陌生的环境中和陌生的孩子交往。在带孩子去这个陌生环境之前，可以用语言先描述环境中的一些有趣的东西。例如，第一次带孩子去早教中心，可以先告诉孩子："我们今天要去的地才能看到很多小朋友，那里还有一个很漂亮的降落伞。"这样让孩子有所盼望，可以帮助孩子对新环境的适应。到了新的环境不要急着让孩子和陌生的成人和孩子有过多的交往。你要观察孩子的反应，判断他安全感满足的程度，循序渐进。年幼的孩子之间的交往最好先从双方父母交往开始。孩子能从父母之间的交往中判断能否和对方交往。在孩子的交往开始后，同样需要父母的参与和帮助。很多父母和幼儿园老师给我反映，去过早教中心的孩子在今后的人际交往中往往表现出更多的自信和积极策略。这与早期得到第四步的训练有密切的关系。

培养孩子的交往能力

　　苏联心理学家维果斯基认为孩子的游戏不仅是一个娱乐的过程，更是一个认真的学习过程。孩子在简单的游戏中往往能获得复杂和抽象的知识。例如，在一个家庭的角色游戏中，孩子必须明白自己扮演的社会角色（例如医生）、符合规范的样式（穿白大褂）、语言（问病情）、和行为（开药方）。在这样的虚拟情景中孩子不仅能够感受不同社会角色的生活和工作，还需要学习和别人的合作。所以，游戏是训练孩子社会交往的重要手段。

　　但是在游戏中孩子和孩子之间的交往质量非常不同。两个孩子可以各自玩各自的没有任何交往合作。作为父母我们要有能力把这样的游戏活动慢慢组织成有互动有合作的游戏。例如父母先搭起一个积木的平台，然后让两个孩子去找不同的积木轮流放在平台上。然后可以让孩子把积木给父母，父母把积木放上去。接着转换角色，父母把积木拿过来让孩子放到平台上。最后父母慢慢撤出，让一个孩子找到积木递给另一个孩子，让他帮着放上去。甚至可以在放上去之前鼓励两个孩子商量应该放在哪里。在这个过程中父母要从主要参与者和组织者慢慢退出来成为观察者和鼓励者。

　　在和别的孩子的交往中，发生纠纷是经常的事情，这也是孩子学习人际交往的重要机会。很多父母问我自己的孩子在交往中被欺负了怎么办？这个问题很复杂，孩子的年龄不同、事情的起因不同，处理的方法也会有所不同。这里我只说一些原则，具体的方法家长自己定夺。总体来说，要着眼孩子长远的情商发展而不是事情暂时的结果。

首先，家长要有正确的心态。说实话，看到自己的孩子被别的孩子打，心里之疼巴不得是打在自己身上。但是这个社会有时候就是这么不讲道理。你也不可能为孩子去承受一切。有些痛苦只能让孩子慢慢学会承担。所以我们应该思考的问题是如何让孩子和父母所付出的痛苦变为成长的机会。我给父母的一个建议是，去改变你所能改变的，接受你所不能改变的。我看到有的父母看到自己的孩子被欺负了，就出面教训别的孩子。这就超出了你能做的范围。有时候，因为两个孩子吵架最后导致父母吵起来甚至打起来的。这实在是给孩子一个很不好的榜样。

要教会孩子怎样介入，以避免不必要的冲突。例如在游乐场上看到别的孩子在玩秋千，你的孩子也想玩，当你发现自己的孩子也想玩时，不妨告诉他如何与别的孩子商量："你玩一会儿后，我能玩一会儿吗？然后再还给你好吗？"如果孩子胆怯，你第一次可以陪着孩子走过去和别的孩子商量。但是你要事先告诉自己的孩子，如果别人不愿意那也没有办法。如果真是这样的结果，你可以和孩子继续讨论："妈妈知道你很难过，如果他让你玩一会，你是不是很高兴？""下一次如果有别的小朋友过来和你这样说，你愿意让他玩一会吗？"这样的讨论是很好的教育机会，因为孩子刚刚经历了这个具体的过程。要学着用语言商量，不要怕被拒绝。

如果是你的孩子在玩玩具，突然被别的孩子抢了，甚至还挨了打。你可以走过去，蹲下来，一面用手安抚孩子，一面问孩子："发生了什么事情？"孩子能一面哭一面告诉你发生的事情，就是一个了不起的能力。然后再鼓励他和打他的孩子说一句："我不喜欢你抢我的玩具，你打我，我很疼。"如果这时对方的家长没有积极的介入，那个孩子也毫无反应，你就到此为止，领着孩子走开。学会远离危险何尝不是一种生活的智慧呢？有时候对方的家长会一把夺下自己孩子的玩具塞回给你的孩子，这时，不妨和两个孩子一起商量有没有一起玩这个玩具的可能。总之，既不要让孩子除了哭什么都不能做，也不要教孩子以牙还牙。很多父母会忍不下这口气让孩子还击对方。这样往往只会导致事情恶化。如果你的孩子获胜了，他学会的是武力的甜头，你难保他有一天他不会因为自己的欲望用自己的武力去欺负别人。

把这样的冲突放在平时的游戏里，让孩子在游戏中学会用语言维护自己。例如，你和孩子分别扮演抢玩具的和被抢玩具的，然后看看如何用语言产生不同的结果。这样孩子在遇到现实的情况时就有能力说出该说的话。

跨文化的教育研究发现当日本的孩子发生冲突时，家长和老师往往很不愿意介入，让孩子自己去商讨解决问题。这当然是很好的。但是我们中国很多的独生子女没有这样的能力。所以适当的介入还是需要的。如果双方有那么一点理性，父母和老师的作用是帮助协商而不是法官。根据我的观察，美国老师也会介入，但是要求双方用语言来描述和协商。这对老师的要求也很高，老师要问合适的问题，用合理的语气帮助有情绪的孩子慢慢恢复理性。在中国，我们作为家长在这样的情况下不仅要面对两个还不懂道理的孩子，有时还要面对一个不讲道理的家长。这时就要做你能做的，而接受你不能改变的。

有一种游戏对培养孩子交往能力特别有效，那就是集体性的体育项目。根据儿童游戏的理论，体育项目是一种规则性极强的高级游戏。让孩子从小参加一些集体性项目，如篮球、足球等，不仅能锻炼孩子的体魄，也对发展孩子的情商特别是社会交往能力有很大帮助。在这些集体项目中，每个成员必须摆正自己的位置，感受各种强烈而迅速变化的情绪，更重要的是学会和别人合作。有时候需要有服从和牺牲精神，有时候又需要有领导的才能。在和对方或队友发生冲突时，需要学会克制情绪找到理性解决的方法。最重要的是这么复杂的学习是在短时间内非常逼真而又完整地让孩子经历。

　　高敏曾经是跳水皇后，拿了很多的世界冠军。她的儿子在跳水方面也很有天赋。但是高敏还是让孩子去踢足球。别人觉得很惊讶，问高敏："你为什么让孩子在中国学习最没有出息的项目——足球啊？"高敏的回答是，她要让儿子在这样的集体项目中学习比金牌更重要的东西，那就是经历挫折，学习合作。我想高敏看到了体育的实质：在规则的游戏中获得人生的智慧。

第八章

蒙迪的故事：一个震撼心灵的案例

你今天用怎样的规矩和爱教育孩子，
你就会给身后的世界留下一个怎样的人；
你给身后的世界留下一个怎样的人，
就会影响你身后将是一个怎样的世界
所以，规矩和爱所成就的不仅仅是一个孩子，
也是一个未来的世界

蒙迪：一位了不起的教育者

本书的前七章从理论和实践的角度探讨了以下三个问题：为什么家庭教育中需要规矩和爱的融合？怎样在家庭教育中融合规矩和爱？规矩和爱的融合对情商的发展有着怎样的影响？在这最后一章中，我要用一个对自己心灵产生震撼的教育案例来进一步探讨规矩和爱融合的教育艺术及其魅力。

这个案例的主人公叫蒙迪·罗伯茨（Monty Roberts）。他是出生在美国西部加利福尼亚州的一个牛仔。蒙迪被称为真正的马语者（A Real Horse Whisperer），因为他不仅可以读懂马的语言，而且能够运用马的语言用规矩和爱相融合的方式来完成驯马的工作。更为人称道的是，蒙迪和他的太太帕蒂前后一共收养了47个问题青少年。他们把规矩和爱融合的原理不仅运用在驯马中，也实施于对孩子的教育中。最后这47个生命无一例外地被改变。

2004年，我在哈佛大学担任大卫·帕金斯（David Perkins）教授的助教时，从他那里第一次听到了蒙迪的事迹。从此我开始追踪研究这个案例。2008年12月，我终于得到一个宝贵的机会，去加州蒙迪的牧场采访这位传奇的牛仔和父亲。从那时起，每次给中国父母的讲座中，我都会介绍蒙迪的故事，不少父母和我一样，内心深处受到了震撼。下面我先介绍蒙迪的故事，然后用规矩和爱的教育原理来分析蒙迪的成功。

蒙迪：一位真正的马语者

蒙迪出身于一个美国西部牛仔的家庭，他的父亲马文·罗伯茨在当地是一个很有名的牛仔。他还开设了一个培训学校，专门培训牛仔如何驯马。

我们总把骑马作为一件浪漫的娱乐，很少去想象驯马的不易。其实，每一匹马都要经历一个非常痛苦的过程才能接受马鞍放在自己的背上。马和其他食草动物一样，不希望有异类的物体接近自己的身体。所以从本能上，它们不愿意让人接近，更不要说放马鞍在它们身上，甚至还有人骑在它们身上。所以当一匹小马渐渐长大后都要接受一系列的训练，才会接受马鞍和被人驾驭。这就是驯马的过程。但是对于这一过程，牛仔们所用的词不是驯马（taming a horse），而是碎马（breaking a horse）。它的意思就是通过击碎马本能的意志，让马顺服。这样的用词，我们可以想象过程中的暴力和残酷。在实际过程中，牛仔们先把马拴在一根柱子上，然后把马的一条后腿用绳子吊离地面，这样马就很容易失去平衡。每当马出现反抗的行为时，牛仔就猛勒缰绳，马一面痛苦地嚎叫，一面重重地摔在地上。这样残酷的训练一般要持续两到三个星期，马才会被驯服。

蒙迪从小对马就有特别的感情，在父亲的调教下，四岁的蒙迪就在一次全美的骑马比赛中获得了十六岁以下组的冠军。当然蒙迪也从小目睹父亲碎马的整个过程。当他稍微大一点，父亲就手把手地教会了他整个碎马的过程。十几岁时，蒙迪已经是碎马高手了。他父亲常常用儿子做自己牛仔学校的招生广告。但是年轻的蒙迪在每完成一次碎马后，内心就多一份对马的愧疚。他总是默默地对被自己驯服的马说："我知道这对你是不公平的，我实在没有别的办法，因为我们无法交流。但是我一定要找到一个人道的驯马方法让你明白我的意思，让你自己愿意来接纳和顺服这一切。"

找到人道的驯马方式，这是蒙迪从小立下的志愿，后来也成就了他一辈子的事业。

蒙迪和野马

　　为了了解与马的交流方式，蒙迪养成了细心观察马行为的习惯。蒙迪十三岁那年，他随大人们去了内华达州，在旷野上捕捉野马。和大人们不一样，蒙迪的这次内华达之行还带有一个自己的使命，近距离观察野马，学习马和马之间是如何交流的。每天回到营地后，少年蒙迪就独自骑马来到旷野，跟踪观察野马群的交流。他有了很多意想不到的收获。例如他发现马群的领袖不是那匹最雄壮的公马，而往往是一匹母马。这匹母马不仅决定行进的路线，还承担教育小马的职责。最让蒙迪惊讶的是母马对小马做规矩的过程。每当小马有不好的行为时，母马就会把小马赶出马群，让它单独在离马群四五十米的地方待上一个小时。然后母马会走到小马的身边，用各种肢体语言进行交流。此时的小马会低下头嚼动着嘴表示绝对的顺服。当母马转过身走回马群时，小马会寸步不离地跟上。

　　蒙迪对这个做规矩的过程大惑不解：为什么母马不是用咬和踢的方式来惩罚小马呢？回到加利福尼亚的牧场后，蒙迪翻阅了很多资料后终于明白了，原来远离马群是一种极其严厉的惩罚。因为在自然界中，马和其他合群动物一样，只有在和群体在一起时，才有安全感。一旦离群很容易成为猛兽的捕猎对象。所以当小马被赶出马群，它本能中的恐惧就会笼罩全身。一旦看到母马接近自己，就会非常顺服。

明白了这个原理后，蒙迪开始幻想自己的身体是否可以模仿出母马的体态语言，让小马顺服地跟着自己走呢？蒙迪为这个大胆的计划作了精心的准备。一年后，蒙迪又来到了内华达的旷野，当他进入野马群后，先把一匹野马从马群隔离开来，在旷野上追逐了将近二十四小时后，野马开始停下来，蒙迪就用自己的身体语言尝试和它交流，没想到这匹野马不仅读懂了蒙迪的身体语言，而且有很明确的顺服回应。蒙迪内心一阵狂喜，他后来回忆说："这是一匹完全野的野马，但它能和我友好地交流，愿意做我的朋友。"但是这次蒙迪还是无法彻底驯服这匹野马把它带回去。当失踪了一天一夜的蒙迪回到营地，他兴奋地和父亲及其他大人分享他的美妙经历。没想到他们在短暂的惊讶之后爆发出嘲弄的大笑。他们都认为这个孩子想出名都想疯了，编出这样一个蹩脚的故事来解释他自己的失踪。

但是蒙迪没有放弃，他总结分析了上次的一些教训，做了更加精心的准备，他下决心要从旷野里骑回一匹野马，让父亲和其他大人相信他所说的话。当蒙迪第三次来到内华达州的旷野时，蒙迪实现了他的梦想。经过一天一夜旷野的艰苦作业，野马不仅接受了马鞍和缰绳，还让蒙迪骑在了自己的背上。终于，蒙迪骑着刚驯服的野马牵着自己的坐骑回到了营地。这次他的父亲没有与他同行，但是别的牛仔看到这个情形后，同样还是嘲笑说蒙迪不知道从哪里捡到了一匹别人已经驯服的野马。他们一致认为蒙迪这个孩子的幻觉越来越厉害了。回到牧场后，蒙迪的父亲不仅不相信蒙迪所描述的驯马过程，还严厉地惩罚了他的"撒谎"行为。

蒙迪的新方法

蒙迪非常委屈，为了向父亲和别的牛仔证明自己的新方法，蒙迪开始在牧场的圆形跑马棚里尝试用这样交流的方法来驯马。他站在马棚的中央，先用一根长长的绳子驱赶马匹。这时马本能地撒腿就跑，根据蒙迪的研究，一般马跑出四五百米之后，它就会觉得自己能够摆脱追逐了，这时它才会回头看。但是当发现追逐自己的东西还在后面时，它的内心就非常恐惧，本能地去寻找可以帮助自己的资源，此时，唯一能帮助自己的就是马棚中央的蒙迪。当蒙迪看到马低下头嘴巴开始嚼动时，蒙迪就会慢慢地走过去，然后背过身低下头，这个被动的身体姿态是告诉恐惧中的马："别害怕，你可以信任我。"每当蒙迪发出这样的信号后，马就会自己慢慢走到蒙迪的身边。此时蒙迪就慢慢抬起手，轻轻抚摸马的前额，对马自行走过来的行为作出及时的奖励。在建立了足够的信任以后，蒙迪用循序渐进的方法让马接受缰绳、辔头、马鞍等一个个的规矩。最后，蒙迪很顺利地骑上了马背。整个过程竟然不到一个小时。其间没有任何残酷的体罚。十六岁的蒙迪看到这个神奇的结果，高兴得手舞足蹈。毕竟人类历史上还没有人用这样人道的方式通过交流完成驯马。

他把成功的喜讯首先告诉了父亲。这次父亲还是不信。蒙迪就恳求父亲给他一次演示的机会。于是父子二人来到跑马棚，蒙迪牵过来一匹尚未驯服的马开始演示他的新方法。这次蒙迪不敢有任何的疏忽，不到一个小时，他就完成了所有的过程。他兴奋地骑着马跑了两圈，然后下马跑向父亲，心想："这次父亲终于会相信自己了吧。"出乎意料的是，他看到父亲张大着嘴，铁青着脸。看到蒙迪跑过来，说了一句："天哪，我怎么养出这么一个畜生？"然后操起一根棍子朝着蒙迪劈头盖脸地打了过去。那天，蒙迪被打得遍体鳞伤，不得不送去医院。根据美国的法律，这次蒙迪的父亲难免牢狱之灾。为此，蒙迪的母亲再三恳求蒙迪不要说出真相，只说自己不小心从马上摔了下来。蒙迪按着母亲所说的做了。虽然父亲躲过了法律的追究，但他和蒙迪断绝了父子关系。很多年后，蒙迪回忆这件往事时不仅没有记恨父亲，反而自我检讨说："我一点都不恨我父亲，若没有他对我和马的残酷，我不会想到要去寻找新的方法。只是我当时太年轻天真了，我觉得自己为父亲做了一件很好的事情，他会感谢我这个儿子。现在我才明白，那样驯马的结果对父亲实在是太残酷了。我在证明这样一个现实，他一辈子所做的最引以为豪的事情是错的。这是一个父亲所不能接受的现实。"

后来蒙迪有了自己的牧场，他创设了一个叫"联合"（join up）的驯马项目，意思是驯马者和马要像伙伴那样相互尊重，懂得合作。蒙迪像一个传教士那样不遗余力地宣扬他那人道的驯马方式。但是牛仔文化是一个非常保守的文化。美国中西部牛仔比较多的州和地区在政治和宗教上都非常保守。牛仔们喜欢按照传统的方式生活，不轻易作改变。牛仔裤就是这种保守文化的一个缩影。一百多年前的牛仔裤和现代的牛仔裤并没有太大的改变。所以蒙迪的新驯马方式受到了很大的抵制。但是这没有动摇蒙迪的决心，他认为只要多一个牛仔接受这样的新方法，就多几匹马可以得到解救。蒙迪的善良和坚持终于获得了改变他一生的一次机会。1996年的一天，蒙迪接到一个电话，对方告诉他自己是英国女王伊丽莎白二世的办公室的工作人员，电话中对方代表女王正式邀请蒙迪和他太太帕蒂去白金汉宫为女王和她的工作人员演示和培训新的驯马方法。英国的 BBC 电视台对蒙迪的驯马方式和他的白金汉宫之行做了全程的跟踪报道。顿时，整个欧洲都知道了蒙迪和他的驯马方法。伊丽莎白女王也为蒙迪的事迹和方法所感动，鼓励他把这个过程写成书。不久蒙迪出版了《一个聆听马语的人》（The Man Who Listens to Horses）一书，该书一出版就荣登纽约时报的畅销书榜，并持续一年之久。

蒙迪和害羞男孩的故事之一

  当蒙迪在英国访问时，BBC 的工作人员纷纷祝贺他的成功。其中有一位负责人问他："老兄，你还有下一步的计划吗？我们说不定还可以合作做点什么。"这个问题勾起了蒙迪对少年时在内华达驯野马这件事的回忆。他对那位负责人讲述了那段往事，然后动情地说："这样人道交流的方法连一匹野马都可以驯服。我曾做到过，但是没有人相信。如果说我这辈子还有一个最后的愿望，就是能向世人展示这样的过程和结果。"那位负责人听完蒙迪的叙述，虽然对这个刺激的提案充满了兴趣，但是看着已经年过六十岁的蒙迪，那位负责人还是非常犹豫。一则整个节目的制作费用巨大，二则不确定性因素很多。所以他最后对蒙迪说："我们需要讨论一下，你先回美国等待我们的消息吧。"

  蒙迪回到美国后就开始准备这个项目，这不仅可以让他重温少年时代的美妙回忆，也可以让世人对人道的驯马方式更有信心。但是 BBC 方面始终没有任何消息。正当蒙迪准备放弃这个计划时，1997 年 1 月，他收到对方的电话，这个项目被批准了，而且需要尽快开始。考虑到每年的 4 月份旷野上的响尾蛇就会结束冬眠，这会对人和马造成很大的危险，蒙迪和 BBC 决定两个月后就开始在旷野尝试这个驯野马的工作。

  虽然蒙迪对自己的驯马方法早已胸有成竹，但他不得不担心自己的身体。蒙迪清楚地记得当初自己骑在马背上跟着狂奔野马的情景,这个过程几乎就是一天一夜。当初自己是个血气方刚的小伙子,而现在自己已经 62 岁了。更要命的是自己的脊椎在手术后一直疼痛。但此时的蒙迪顾不了那么多了。他太想实现这个愿望了:我要让世人明白给马规矩是可以用人道的方式实现的。

经过一番紧张的准备,1997 年 3 月 27 日的凌晨,蒙迪开始实施这个他激动人心的计划。此前,蒙迪已近确定了一匹枣红色的野马为驯服的对象。蒙迪为它取了一个名字叫"害羞男孩"(Shy Boy)。当蒙迪和他的助手们冲入马群后,第一项任务就是把害羞男孩和马群分开。差不多半小时后,这个工作就做完了。害羞男孩开始狂奔,蒙迪在后面紧紧地追赶。到了下午,旷野上只剩下狂奔的害羞男孩和后面的蒙迪,他们头顶上航拍的 BBC 摄制人员紧张地用镜头记录着发生的一切。夜幕降临了,害羞男孩没有丝毫停下来的意思,这时航拍的摄像镜头也无法捕捉到地面的目标,摄制组只能返航。但是蒙迪却借着月光紧紧地跟着害羞男孩不让它逃脱自己的视线。尽管全身疼痛,但是蒙迪确信害羞男孩会停下来靠近自己。

蒙迪的期待在第二天凌晨五点左右出现了,害羞男孩停了脚步,回头望着蒙迪。当看到蒙迪接近它时,也只是慢慢跑几步就停下来。看到这个情形,蒙迪心里有说不出的欣慰,他知道害羞男孩开始和他交流了。每当害羞男孩看他一眼或自己走过来一步,蒙迪马上低下头调转马头背对着害羞男孩。经过三个小时的交流,害羞男孩开始倒过来紧紧跟随蒙迪。蒙迪事后回忆说:"那一刻,我忘记了所有的疲倦和疼痛,心里充满了喜悦,一匹几小时前还在狂奔的野马,它自己停下来用我们都能懂的语言和我交流,告诉我它愿意顺从我,这是多么激动人心的时刻啊。"

当害羞男孩表现出足够的顺服后,蒙迪接下来的工作就轻车熟驾了。用不到三天的时间完成了整个的驯马过程。

当 BBC 把这部名为《蒙迪·罗伯茨：一位真正的马语者》（Monty Roberts: A Real Horse Whisperer）的纪录片播出以后，美国和整个欧洲再次被蒙迪对马的大爱震撼了。蒙迪从此成为一个真正的公众人物，他每年超过 300 天都在世界各地做培训。蒙迪用两种驯马方法的比较告诉人们这样一个道理：传统的驯马方法是一味地用严苛做规矩。这样的训练也能改变行为，但是这样的行为改变是以马的心灵受创伤作为代价。这样训练的结果是马不得不痛苦地接受规矩。而通过马语交流的方法做规矩，首先是塑造心灵，最后的结果是通过建立信任，马心甘情愿地主动接受规矩。不同的方法，产生的结果也有质的区别。

蒙迪和害羞男孩的故事之二

BBC的纪录片播出后，也有很多人提出了这样的疑问：害羞男孩之所以心甘情愿地接受蒙迪的规矩是以前面被蒙迪从马群中孤立为前提的。如果让害羞男孩自己选择，它是选择和蒙迪在一起，还是选择在旷野中和马群在一起？对此蒙迪也陷入了深深的思考。他说："我无法告诉你们害羞男孩是怎样思考的，但是它的行为告诉我，和我在一起它很幸福。"不要说质疑者无法满意这样主观的回答，蒙迪自己也觉得应该有更明确的回答。但是他觉得最好的回答还是要让害羞男孩自己的行为来给出。于是，蒙迪又有了一个大胆的设想：把害羞男孩带回到旷野，帮它找到原来一起生活的马群，让它自己选择留在蒙迪身边还是跟马群一起走。

在害羞男孩被驯服将近 年后，蒙迪趁着放牧的机会，把害羞男孩带回到了它原先生活的旷野，并到了原先生活的马群。当害羞男孩发现原先的同伴时，再也无法低头吃草，直直地看着马群。蒙迪拿掉了害羞男孩身上所有的绳子和马鞍，就在蒙迪取下最后一根绳索的一刹那，害羞男孩猛然窜了出去，朝着马群一路狂奔。身后留下了拿着绳索的蒙迪，蒙迪直愣愣地看着这匹和自己幸福生活了一年的小马毅然离去的背影。

在这一瞬间，蒙迪心里突然出现了这样的疑问："天啊，怎么会这样？我是不是作了一个错误的决定啊？"紧接着更让蒙迪伤心的事情发生了，害羞男孩很快融入原来生活的集体跟着马群渐渐走远，最后从蒙迪的视野中消失了。此时的蒙迪就像一个目睹离家出走孩子的父亲，非常的失落。当天晚上，蒙迪在营地失眠了。他不断地走到高处，希望在黑暗中看到害羞男孩归来的身影。但是现实又一次让他失望了。

　　天亮了，害羞男孩还没有回来。吃完早餐，蒙迪开始和其他的牛仔开始捆扎帐篷，他们要按照计划去另外一个旷野放牧。这样即使害羞男孩回来也不能见到蒙迪了。此时的蒙迪在心里默默自语："害羞男孩，如果和马群一起生活确实让你更幸福，我就在这里祝福你了。也谢谢你能和我一起生活一年。"当整理工作即将完成时，有一个牛仔突然叫了起来："蒙迪，快看，那是什么？"蒙迪顺着牛仔手指的方向，在远处看到了一匹马的轮廓。蒙迪从它跑动的姿态一眼就认定来者正是害羞男孩。或许是害羞男孩也看到了营地里的牛仔已经准备开拔了，它突然开始全速奔跑。一路上还连续跃过几个小的灌木丛，然后长啸一声，径直跑到蒙迪眼前才停了下来。此时的蒙迪仿佛看到了回家的浪子，心里的激动无法用言语表达。他一面抚摸着害羞男孩一面说："孩子，一整夜你都去了哪里啊？回来了就好。刚才你这么用力地叫，哪里还像一个害羞男孩啊？"

　　从此以后，害羞男孩再也没有离开蒙迪的牧场。

蒙迪和他的孩子们

蒙迪认为教育孩子和驯马在原理上是一致的：都要在爱的基础上来做规矩。只要你有足够的爱心和耐心，每个孩子都可以改变。蒙迪和太太帕蒂凭着这样的信念前后一共收养了47名问题青少年，改变了47个孩子的命运。

这些青少年在来到蒙迪的牧场前，都是社会上的不良少年。他们的年龄大都在13~16岁。不少人还在警察局留下了不良记录。可以说当时这些叛逆的孩子家庭管不了，学校管不了，甚至连警察也管不了。他们一开始都是因为喜欢马而来到蒙迪的牧场上生活。蒙迪和太太对这些孩子如同己出。他们一方面让孩子帮助他们驯马，另一方面也用马来培养这些孩子的自信和责任感。蒙迪从不大声斥责任何一个孩子，对他们的要求却很严。在收养之前，蒙迪和每个孩子都会有一次严肃的谈话，每个来到牧场的孩子都要首先愿意接受一些基本的规矩，否则你可以选择离开。蒙迪在制定规矩上有一个特殊的做法，他用签合同的方式让孩子在两块小白板上和自己签约。第一块白板上写着违反规矩会得到的惩罚，第二块白板上写着如果遵守规矩会得到的奖励。例如：在第一块白板上写着："一星期内不可以睡懒觉，如果违反就要把浴室的地砖擦干净。"在第二块白板上相应的内容就是："如果一星期都准时起床，周末可以去钓鱼。"每个孩子的内容都不一样，奖励和惩罚的内容也不一样。合同一旦签订，蒙迪就会严格执行。对于规矩的一致性，蒙迪毫不含糊。他认为规矩的一致性是成功规矩的基础。当写在白板上的这些行为改进后，就划去旧的写上新的。随着白板内容的更新，孩子的行为也得到更新。

蒙迪认为用这样签订合同的方式可以让孩子理解规矩及其相应的后果。把奖励和惩罚都写在上面，让他们能够自己选择自己的行为。这样的学习过程就带有更多自愿的成分。就像驯马一样，蒙迪强调无论做什么，行为规矩都建立在孩子自愿的基础上，不可强迫。

1997年，BBC的记者在加利福尼亚州采访一位叫比尔的著名驯马师。十多年前，他就是被蒙迪收养的孩子之一。在采访中，他和蒙迪一起回忆起当初的一件往事。当比尔在牧场上第一次见到蒙迪时就出言不逊："嘿，火鸡。"蒙迪愣了一下，告诉比尔："你应该叫我罗伯茨先生，或者蒙迪。"比尔挑衅地说："我就叫你火鸡，怎么样？"蒙迪和蔼但坚定地说："我不会强迫你怎样叫我，也不在意你现在怎样叫我。但总有一天你会自己叫我罗伯茨先生的。我一定是要你自己愿意这么做。"比尔不屑一顾地说："休想。"一个星期之后，有一天当蒙迪走过比尔的身边时，突然听到比尔小声叫自己："罗伯茨先生。"蒙迪简直不相信自己的耳朵，转过身去问比尔："请问你刚才叫我什么？"比尔重复了一遍："罗伯茨先生。"十多年后，蒙迪回忆起当时的情景还激动得留下了眼泪。他自豪地说："从那以后，比尔不是叫我爸爸，就是叫我罗伯茨先生。"

蒙迪就是这样用爱心去坚持每一个规矩。他把这些孩子都看做一匹匹的野马，用他那独特的驯马方式潜移默化地感化他们的心灵。他不仅能像聆听马语那样聆听每个孩子的心声，他也会敏感地捕捉到孩子的每一个细微的进步。每当孩子用自己的努力改变自己的行为时，蒙迪就仿佛看到旷野上的害羞男孩朝着他又走近了一小步，他都会及时给予肯定。他认为只要你能读懂孩子，爱的坚持就能改变一切。这些教育孩子的方法及原理和驯马如出一辙。爱和规矩的融合能教育孩子，也能驯服野马。

蒙迪给我的启发

从2004年第一次看到蒙迪驯马的纪录片,我就被他的故事所吸引。这些年来,在思考规矩和爱的关系时,蒙迪的身影时常浮现在我的脑海里。他在驯马和教育孩子上的成功不仅帮助我更深地理解规矩和爱之间的关系,也帮助我在实际操作中探索规矩和爱的融合。下面我先谈谈蒙迪教育中的爱,然后再分析蒙迪教育中的规矩。

蒙迪的爱在教育过程中体现在三个方面,因着爱而谦卑自己去进入马的世界,用马的语言交流;用爱建立信任;按着马能够接受它能够承担的,循序渐进地给马做规矩。

因着爱而谦卑自己去进入马的世界。尽管有一个很暴力的父亲,蒙迪从小就对人和对马都充满了爱。正是因为这样的爱,才促使蒙迪想到要寻找新的驯马方法。他的第一步工作是深入马群去学习马的语言,进入马的世界。然后用马的交流系统和马交流。少年蒙迪这种谦卑的姿态值得我们每一位教育者好好学习。有多少次我们在给孩子做规矩之前能认真地聆听孩子?有多少次我们愿意先谦卑自己进入孩子的世界,然后再引导孩子一步一步前进?聆听是进入孩子世界的开始。蒙迪曾经说过:"如果你能把马的语言说得足够好,马必定对你作出积极的回应。"这个原理也适用在教育孩子上:如果你能把孩子的语言说得足够好,孩子就一定会对你作出积极的回应。孩子和马一样，都渴望用自己的语言与能读懂他们的人交流。

用爱建立信任，蒙迪和马的爱不是单向的，通过交流，蒙迪和马用爱建立相互的信任。这样的相互信任是成功规矩的前提。但是要建立这样的信任往往需要艰苦的过程。它需要爱心，也需要耐心。蒙迪在旷野上跟着狂奔的野马整整二十四小时，就是为了建立野马对自己的信任。一开始，野马把蒙迪当做要伤害自己的敌人而躲之不及。但是渐渐地它发现这个跟着自己的人非但没有伤害自己，而是可以帮助自己走出恐惧。当这样的信任和依赖建立以后，下面一系列的规矩就变得水到渠成。我们给孩子做规矩失败，往往就是因为没有和孩子建立足够强大的爱和信任。而不能建立这样的信任其主要原因是父母没有足够的耐心。62岁的蒙迪能在马背上坚持二十四小时，他的耐心从何而来？或许有人会说这是出于他的爱心。我们的父母也爱自己的孩子，为什么却总是失去对孩子的耐心呢？这说明仅仅凭着本能的爱心是不足以产生足够的耐心。我认为除了对马的爱心，蒙迪的耐心还有以下两个因素。

首先，蒙迪确信不管野马跑多久，它一定会停下来。他确信这样的结果会发生。应该说蒙迪的驯马是一种带有对未来看见的教育过程。这样的看见能让我们不会因为眼前发生的一些困难而轻易改变我们的努力方向。我在蒙迪的纪录片中注意到一个细节，蒙迪在追逐野马时，带着根套马索，只要他愿意，凭他的训练可以轻易地先将野马套住然后再进行下面的训练。但是蒙迪始终没有这样做，而是等着野马按自己的意愿走过来。因为蒙迪深知等待这种结果的意义，也确信这一刻一定会发生。从这个角度来看，蒙迪的看见是一种教育信仰。也正是这样的教育信仰才能让62岁的蒙迪在马背上坚持二十四小时。我们有多少父母是带着明确的"信仰"和"看见"去教育我们的孩子呢？若没有这样的"信仰"和"看见"，我们的耐心又能让我们坚持多久呢？

其次，蒙迪的耐心还来自于他对马的丰富知识和理解。蒙迪知道在马自己愿意走过来之前，必须经历这样一个奔跑的过程。这个长距离的奔跑对人或许是不能理解的过程，对马却是一个有意义的过程。明白了这一点，蒙迪自然就更有耐心。我们在教育孩子时失去耐心往往是因为我们觉得孩子的行为是无理取闹或者不可理喻。很多在大人眼里无理取闹的行为，从孩子的角度看往往是有着它的合理性的。从这一点来看，进入孩子的世界可以帮助我们对孩子更有耐心。所以只有聆听孩子，进入孩子的世界，我们的爱心才能产生出足够的耐心。

循序渐进地给马做规矩，蒙迪的爱还体现在他对马的能力和现状的体谅。蒙迪在驯马时，在设定每一步规矩时都会仔细考虑马能够承受的。例如，为了让野马接受马鞍，蒙迪设计了三个从小到大的马鞍，让野马逐个慢慢适应。在第五章中，我曾经提到在做规矩过程中，爱的一个重要体现就是体谅孩子所能够承受的范围，循序渐进地让他们接受规矩。苏联心理学家维果斯基曾经提出过一个最近发展区的理论。他认为每个孩子在现有承受的水平上还存在一个潜在的可承受的区域，这就是最近发展区。教育的目的就是通过交流和帮助，让这个最近发展区得以实现。蒙迪循序渐进的驯马方式就是通过爱的鼓励，把马身上一个又一个的最近发展区开发出来。

虽然蒙迪的驯马的方法直接彰显的是他的大爱，但是完成的结果却是严厉的规矩。他的成功不仅进一步肯定了敬畏心和一致性在做规矩中的重要作用，还给我们一个重要的启发：规矩不仅仅可以通过惩罚，也可以通过奖励得以实现。

做规矩之前，蒙迪首先建立自己在马面前的权威。而权威的建立从剥夺野马和马群在一起的特权开始。只有剥夺了这样的特权，马的内心才会产生寻求帮助的需要。所以做规矩是从失去一些特权开始。同样，我们给孩子做规矩时，也需要剥夺孩子的某些自由和特权，让孩子先对人,再对规矩产生一种敬畏。蒙迪的案例也进一步论证了规矩一致性的重要。在做规矩的过程中,每次野马作出反抗,蒙迪会停下来耐心等待。但是他从来没有放弃规矩。给孩子做规矩也是同样,我们可以等待,但不能放弃。这样孩子就会明白规矩是神圣的,是无法躲避的。

蒙迪自己认为新的驯马方式得益于成功的奖励系统。每当野马在接受规矩的过程中有一点点进步,蒙迪马上给以及时的奖励。在教育孩子时,蒙迪不仅让孩子明白违反规矩所得到的惩罚,他更鼓励孩子去自己选择遵守规矩后得到的奖励。在日常生活中,当我们的孩子做错时,我们不会忘记惩罚。但是当孩子做对时,我们却常常没有意识去肯定和鼓励。例如,有一个男孩每次走进自己的房间时,总是砰的一声重重地摔门。每次出现这样的情况时,总会招致父母的批评。但是当他偶尔悄悄地把门关上时,父母从来没有去注意,更不要说去表扬了。

从情商的角度来看,蒙迪本人就有着很高的情商。他不仅有非常积极客观的自我意识,也有着很强的抗逆力。蒙迪从小就有坚定的人生信念,并用这样的信念支撑自己走过一个个困境。他虽然有一个粗暴的父亲,但是他却能通过理性的反思把爱融入规矩中。无论在驯马还是在教育孩子上,蒙迪总是先进入对方的世界,用极强的同理心培养出高情商的马和孩子。他给教育对象一定的选择权利。让他们在行为上具有自主性的同时理解行为和后果的关系,由此来培养教育对象对自己行为的负责能力。试想,如果那匹害羞男孩当初是被传统粗暴的方式驯服,当它获得自由时,很难再能自己欢快地跑回蒙迪身边。由此让我联想到现在很多的中国学生,他们在中学艰苦学习中咬牙挺过,进了大学就再也没有学习的动力了。就像是一匹脱缰的野马,再也不能回头。产生这样的结果就是因为中学阶段的学习是他们不得不承受的煎熬,他们毫无选择。所以蒙迪的教育方法值得我们中国教育者深思和学习。

采访蒙迪

  从 2004 年开始，我就期待着有一天能去蒙迪的牧场，看看这位传奇的牛仔和他那匹传奇的害羞男孩。但是要有这样的机会很不容易。一则因为蒙迪一年只有不到两个月的时间回到美国。二则从我所居住的城市到他的牧场来回至少要有四天的行程。在 2008 年我终于得到蒙迪秘书的一个邮件，告诉我蒙迪将在十二月回到牧场，而且愿意接受我的采访，但是采访的时间只有半个小时。

  12 月 11 日，我飞抵洛杉矶后，驱车四个小时才到达蒙迪的牧场。蒙迪的秘书热情地接待了我，她带我先去访问了那匹传奇的害羞男孩，然后带我去蒙迪在牧场山顶的家里。当驱车进入蒙迪的院子时，一身牛仔打扮的蒙迪已经在门口等候了。在简单的问候之后，蒙迪很客气地把他的太太帕蒂介绍给我，然后还带我参观了他的家。整个布置和装饰散发出浓浓的牛仔文化。墙上有很多的赛马奖状，还有一封英国女王伊丽莎白二世手写给蒙迪的一封信。蒙迪特地把这封信取下来给我看，告诉我："女王是一个生活非常节俭的人。为了节约一张信纸，女王这封信写在一张信纸的正反两面。"虽然我曾听说过女王的节俭，但是亲眼看到这样的事实，内心还是充满敬意。

我和蒙迪

我和害羞男孩

在客厅坐定后，蒙迪首先询问我为什么对他的驯马感兴趣。当我简单地把规矩和爱的理论以及我在中国所做的一些父母培训工作介绍给他时，蒙迪沉默片刻，然后对我说："这是一件很有意义的工作，我很希望能帮助你。"接着我们的交流完全脱离了我预先准备的问题。我们从各自的父亲谈到了自己的童年，又从童年谈到了家庭教育中的规矩和爱。蒙迪也讲述了当初教育47个问题青少年的很多故事，不知不觉，外面的天已经黑了，预定半个小时的采访竟然已经进行了3个小时。就在我要准备告辞时，蒙迪突然说要给我看一样东西。然后他走到内屋，捧出一段树干，然后让我仔细看看树干上有什么。我看了看，没发现有什么特别。蒙迪就指着树干的一侧让我再仔细看，这下我才发现在表面歪歪扭扭地刻着三个字：Lorry Loves Daddy（劳瑞爱爸爸）。接着，蒙迪就给我讲了劳瑞的故事。

劳瑞是47个孩子中的一个。她那时才十四五岁，却非常反叛，常常离家出走，跟着别人做很多不好的事情。后来她来到蒙迪的牧场，在和蒙迪签订了规矩的合同后，开始在蒙迪的牧场生活。但是过了一段时间，劳瑞就觉得蒙迪的规矩太多了，牧场的生活远不及她在社会上游荡的生活那么自由。所以她找到蒙迪，说自己不愿意再待在这个家里。蒙迪告诉她："这是你的自由，如果你不能遵守规矩，你可以选择离开。但是你要慎重考虑这个结果，离开后，如果再要回来，必须有充足的理由。"劳瑞最后还是背着行囊离开了牧场。

一个星期以后的一个早晨，一个牧场的工人来向蒙迪报告，在打开牧场大门时，看到劳瑞在对面的树丛里徘徊。蒙迪只说了一句："让她去吧。"就没有再多理会。第二天早晨工人又来报告，劳瑞不仅继续在对面徘徊，还在牧场门口的一棵大树上刻了三个字：Lorry Loves Daddy。蒙迪还是没有去理睬她。到了第三天，劳瑞直接打电话给蒙迪，在电话里她一面哭一面恳求说："爸爸，你再给我一次机会吧。不知道为什么，当我回到原来的团伙中做原先那些刺激的事情时，再也无法感受到以往曾经有的兴奋和快乐。我知道我的心已经被改变了。"蒙迪对她说："孩子，你不在的日子里，妈妈和我一直惦记着你，你就回家吧。"

蒙迪对我说："当我看到劳瑞回来的时候，我就像看到那匹害羞男孩跑回来一样。这是他们自己的选择。"后来劳瑞变得非常有责任感，最后读完大学，又有了一个非常美满的家庭。蒙迪说一个星期前劳瑞刚给蒙迪打来一个电话，告诉蒙迪自己已经做了奶奶了。

事后，蒙迪就把刻有"Larry Loves Daddy"的那段树干锯下后珍藏了起来。蒙迪告诉我："这段树干我已经珍藏了将近四十年，这段树干对别人或许没有什么意义，对我可太重要了。有一天，我会抱着它进我的棺材。"说到这里，蒙迪停顿了一下，看着那段树干几乎自言自语地说："我所想要做的就是在我的身后给人给马都留下一个更美好的世界。"

当我驱车离开蒙迪时，天已经黑了，牧场上一片静寂。但蒙迪最后的这句话一直在我的耳边回响。我们每一个父母几十年后都要离开这个世界。但是我们的孩子还会生活在我们身后的世界。你今天用怎样的规矩和爱教育孩子，就会影响到你给身后的世界留下一个怎样的人；你给身后的世界留下一个怎样的人就会影响到你的身后将会是一个怎样的世界。所以，规矩和爱所成就的不仅仅是一个孩子，也是一个未来的世界。